编 委

郝文杰	全国民航职业教育教学指导委员会副秘书长、中国民航管理干部学院副教授
江丽容	全国民航职业教育教学指导委员会委员、国际金钥匙学院福州分院院长
林增学	桂林旅游学院旅游学院党委书记
丁永玲	武汉商学院旅游管理学院教授
史金鑫	中国民航大学乘务学院民航空保系主任
刘元超	西南航空职业技术学院空保学院院长
杨文立	上海民航职业技术学院安全员培训中心主任
范月圆	江苏航空职业技术学院航空飞行学院副院长
定 琦	郑州旅游职业学院现代服务学院副院长
黄 华	浙江育英职业技术学院航空学院副院长
王姣蓉	武汉商贸职业学院现代管理技术学院院长
毛颖善	珠海城市职业技术学院旅游管理学院副院长
黄华勇	毕节职业技术学院航空学院副院长
魏 日	江苏旅游职业学院旅游学院副院长
吴 云	上海旅游高等专科学校外语学院院长
刘晏辰	三亚航空旅游职业学院民航空保系主任
田 文	中国民航大学乘务学院民航空保系讲师
汤 黎	武汉职业技术学院旅游与航空服务学院副教授
江 群	武汉职业技术学院旅游与航空服务学院副教授
汪迎春	浙江育英职业技术学院航空学院副教授
段莎琪	张家界航空工业职业技术学院副教授
王勤勤	江苏航空职业技术学院航空飞行学院副教授
覃玲媛	广西蓝天航空职业学院航空管理系主任
付 翠	河北工业职业技术大学空乘系主任
李 岳	青岛黄海学院空乘系主任
王观军	福州职业技术学院空乘系主任
王海燕	新疆职业大学空中乘务系主任
谷建云	湖南女子学院管理学院副教授
牛晓斐	湖南女子学院管理学院讲师

普通高等学校"十四五"规划民航服务类系列教材

航空体能训练

主　编◎田　文　陈学东
副主编◎徐峻峰　邱颖帅　艾　堃　邱天阳　张俊杰

华中科技大学出版社
http://www.hustp.com
中国·武汉

内 容 提 要

本教材是普通高等学校"十四五"规划民航服务类系列教材之一。

本教材共 11 章,内容包括体能训练基本理论,航空安全员体能训练的重点科目,集体操练,器械的正确使用与个人保护,体能测试与评价,柔韧性与热身活动、整理活动,力量训练,速度、灵敏和速度耐力的发展,有氧耐力训练,前庭功能训练,体能训练中的课程思政建设。

本教材适合民航相关专业(空中乘务、民航空中安全保卫、民航运输等)学生使用,也可作为民航乘务员、民航空中警察、航空安全员等职业人员的参考用书。

图书在版编目(CIP)数据

航空体能训练/田文,陈学东主编. —武汉:华中科技大学出版社,2022.7(2025.1 重印)
ISBN 978-7-5680-8456-7

Ⅰ.①航… Ⅱ.①田… ②陈… Ⅲ.①民用航空-航空安全-保安人员-体能-身体训练-教材 Ⅳ.①F560.69②G808.14

中国版本图书馆 CIP 数据核字(2022)第 107741 号

航空体能训练 田 文 陈学东 主编
Hangkong Tineng Xunlian

策划编辑:胡弘扬
责任编辑:张 琳
封面设计:廖亚萍
责任校对:张会军
责任监印:周治超

出版发行:华中科技大学出版社(中国·武汉) 电话:(027)81321913
　　　　　武汉市东湖新技术开发区华工科技园 邮编:430223
录　　排:华中科技大学惠友文印中心
印　　刷:武汉开心印印刷有限公司
开　　本:787mm×1092mm　1/16
印　　张:14.25
字　　数:349 千字
版　　次:2025 年 1 月第 1 版第 2 次印刷
定　　价:49.80 元

本书若有印装质量问题,请向出版社营销中心调换
全国免费服务热线:400-6679-118　竭诚为您服务
版权所有　侵权必究

INTRODUCTION 出版说明

民航业是推动我国经济社会发展的重要战略产业之一。"十四五"时期,我国民航业将进入发展阶段转换期、发展质量提升期、发展格局拓展期。2021年1月在京召开的全国民航工作会议指出,"十四五"期末,我国民航运输规模将再上一个新台阶,通用航空市场需求将进一步激活。这预示着我国民航业将进入更好、更快的发展通道。而我国民航业的快速发展模式,也进一步对我国民航教育和人才培养提出了更高的要求。

2021年3月,民航局印发《关于"十四五"期间深化民航改革工作的意见》,明确了科教创新体系的改革任务,要做到既面向生产一线又面向世界一流。在人才培养过程中,教材建设是重要环节。因此,出版一套把握新时代发展趋势的高水平、高质量的规划教材,是我国民航教育和民航人才建设的重要目标。

基于此,华中科技大学出版社作为教育部直属的重点大学出版社,为深入贯彻习近平总书记对职业教育工作作出的重要指示,助力民航强国战略的实施与推进,特汇聚一大批全国高水平民航院校学科带头人、一线骨干"双师型"教师以及民航领域行业专家等,合力编著普通高等学校"十四五"规划民航服务类系列教材。

本套教材以引领和服务专业发展为宗旨,系统总结民航业实践经验和教学成果,在教材内容和形式上积极创新,具有以下特点:

一、强化课程思政,坚持立德树人

本套教材引入"课程思政"元素,树立素质教育理念,践行当代民航精神,将忠诚担当的政治品格、严谨科学的专业精神等内容贯穿于整个教材,使学生在学习知识的"获得感"中,获得个人前途与国家命运紧密相连的认知,旨在培养德才兼备的民航人才。

二、校企合作编写,理论贯穿实践

本套教材由国内众多民航院校的骨干教师、资深专家学者联合多年从事乘务工作的一线专家共同编写，将最新的企业实践经验和学校教科研理念融入教材，把必要的服务理论和专业能力放在同等重要的位置，以期培养具备行业知识、职业道德、服务理论和服务思想的高层次、高质量人才。

三、内容形式多元化，配套资源立体化

本套教材在内容上强调案例导向、图表教学，将知识系统化、直观化，注重可操作性。华中科技大学出版社同时为本套教材建设了内容全面的线上教材课程资源服务平台，为师生们提供全系列教学计划方案、教学课件、习题库、案例库、教学视频音频等配套教学资源，从而打造线上线下、课内课外的新形态立体化教材。

我国民航业发展前景广阔，民航教育任重道远，为民航事业的发展培养高质量的人才是社会各界的共识与责任。本套教材汇集来自全国的骨干教师和一线专家的智慧与心血，相信其能够为我国民航人才队伍建设、民航高等教育体系优化起到一定的推动作用。

本套教材的编写难免有疏漏、不足之处，恳请各位专家、学者以及广大师生在使用过程中批评指正，以利于教材质量的进一步提高，也希望并诚挚邀请全国民航院校及行业的专家学者加入我们这套教材的编写队伍，共同推动我国民航高等教育事业不断向前发展。

华中科技大学出版社

2021 年 11 月

PREFACE 前言

为不断深化航空安全员训练管理体系建设，进一步充实训练教材，更好地指导航空安全员的体能训练教学与实践，完善民航空中安全保卫专业学生的培养，夯实航空安全员体能基础，持续增强航空安全员的执勤与战斗能力，编者在认真总结民航安保实战实训经验的基础上，积极探索体能训练规律和训练模式，组织专家对航空安全员体能训练的基础理论、技术方法、训练要点等方面内容进行了整理并编写了此书。

本教材结合民航空中安全保卫工作特点与体能训练教学与实践需求，将体能训练理论与方法应用到民航空中安全保卫与客舱乘务的体能教学训练中，帮助学生全面了解体能训练的基本方法，初步掌握体能训练的基本技术、评价手段及自我练习的方法，培养学生对体能训练重要性的认识，提升学生自身身体素质水平，提高学生应测应考能力，并与行业体能测评标准相衔接。本教材能够充实和完善民航空中安全保卫专业课程体系，提高航空安全员与客舱乘务员的体能训练实践操作水平，为高质量的民航空中安全保卫人才培养提供有力支撑。

本教材的筹划、编写得到了中国民航大学诸位领导和同事的鼓励与无私帮助，在此向诸位领导和同事道出真诚的谢意！中国民航大学体育部教师为教材编写提供了卓有价值的建议与编写意见，冯梓尧、饶舜禹、贺家浩、张博文、昂沁等同志参与了图片与视频的制作工作，在此一并表示衷心的感谢！感谢大家对于本教材的重视与无私付出，你们的辛劳是激励编者在体能训练领域继续探索的无尽动力！

由于教材编写时间紧，加之编者水平有限，书中疏漏及不足之处在所难免，恳请各位专家、教师及业内人士不吝赐教，提出宝贵意见，在此致以诚挚的谢意！

编　者

2022 年 1 月 1 日

第一章	体能训练基本理论 ········· 1
	第一节 体能训练概述 ········· 1
	第二节 体能训练基本原则 ········· 2

第二章	航空安全员体能训练的重点科目 ········· 5
	第一节 单杠引体向上 ········· 5
	第二节 双杠臂屈伸 ········· 22
	第三节 仰卧举腿 ········· 31
	第四节 三级立定跳远 ········· 33
	第五节 50 kg 负重卧推 ········· 35
	第六节 100 m 跑 ········· 40
	第七节 5×25 m 折返跑 ········· 43
	第八节 3000 m 耐力跑 ········· 46
	第九节 深蹲起立、三级立定跳远、100 m 跑、折返跑等科目的针对性训练 ········· 50
	第十节 仰卧举腿、卧推等科目的针对性训练 ········· 54

第三章	集体操练 ········· 104
	第一节 体能训练热身操 ········· 104
	第二节 早操 ········· 110

第四章	器械的正确使用与个人保护 ········· 119
	第一节 练习者和体能教练的准备 ········· 119
	第二节 基本练习技术 ········· 119
	第三节 自由负重器械的运动技术与保护 ········· 122
	第四节 准备工作与个人保护规范流程 ········· 125

第五章	体能测试与评价	127
	第一节　体能测试概述	127
	第二节　练习者的功能性动作测试	127
	第三节　素质能力评价	135

第六章	柔韧性与热身活动、整理活动	140
	第一节　概述	140
	第二节　柔韧性及伸展训练要求	141
	第三节　拉伸法	141
	第四节　准备活动及整理活动的技术应用	143

第七章	力量训练	157
	第一节　抗阻训练计划的设计	157
	第二节　抗阻训练动作的选择	158
	第三节　训练频率	161
	第四节　训练程序	162
	第五节　负荷与休息	162
	第六节　训练技术	163
	第七节　增强式训练	188

第八章	速度、灵敏和速度耐力的发展	197
	第一节　速度、灵敏概述	197
	第二节　制动技巧与练习	197
	第三节　速度和灵敏素质的训练	198
	第四节　速度耐力与速度灵敏训练方法	199
	第五节　速度耐力与速度灵敏运动技术	201

第九章	有氧耐力训练	203
	第一节　有氧耐力训练的评定方法	203
	第二节　有氧耐力训练的目标与设计安排	203

| 第三节 　 有氧训练计划 ………………………………………… 204
| 第四节 　 有氧耐力训练的运动技术 …………………………… 205

第十章 | **前庭功能训练** ……………………………………………… 207

第十一章 | **体能训练中的课程思政建设** …………………………… 209

参考文献 …………………………………………………………… 214

第一章　体能训练基本理论

理解和掌握体能训练在民航空中安全保卫工作中的意义。
理解民航空中安全保卫专业学生进行体能训练的目的。
了解体能训练的原则。

第一节　体能训练概述

航空安全员的体能是指航空安全员的个体机能在履行空中保卫工作时表现出的能力。航空安全员的体能训练属于特殊职业背景要求下安保培训的一部分,包括具有职业专门化特点的力量、速度、灵敏、耐力、柔韧和前庭器官稳定性等素质方面的训练,以及在履行职务过程中身体的基本活动能力(包括跑、跳、投、悬垂、负重、爬行和游泳等)的训练。

体能基础理论,是对航空安全员体能训练的基本规律、原则、方法、手段及其相关知识进行系统总结和高度概括的基础性理论。体能基础理论对航空安全员进行科学的体能训练具有重要的指导作用。体能基础理论主要包括体能训练的意义与训练目的。

一、体能训练在民航空中安全保卫工作中的意义

体能训练是根据民航空中安全保卫工作的性质和任务、航空安全员的职业特点及对其体能的要求,结合军警以及安保系统对于安全保卫工作的特殊需要,而专门采用的身体活动形式。体能训练是一种有目的、有意识的以增强人体素质与活动能力、发展安保实战技能、提高安全员自卫与战斗能力为目的的身体训练手段。

二、民航空中安全保卫专业学生体能训练的目的

民航空中安全保卫工作、客舱服务工作通常在高空及封闭性作业环境中进行,高密度与高强度工作性质与狭小工作空间、长时间的服务活动与安全监督工作及突发事件的处理都需要空中安全保卫(简称空保)人员与客舱乘务员具备较强的身体素质。当前国际与周边形势对民航运输业所提出的特殊反恐需求,对空保人员与客舱乘务员的体能素质提出了更为严格的要求。基于此,空保专业学生体能训练的有效教学与实施,对高水平行业人才

的培养与行业健康的快速发展具有现实意义。

体能训练课程的教学训练能够帮助空保专业学生全面了解体能训练的基本方法，初步掌握各项体能训练的基本技术、评价手段及自我练习的方法，培养学生对体能训练重要性的认识，提升学生自身身体素质水平，提高学生体能测试水平，并与行业体能测评标准相衔接。

第二节　体能训练基本原则

一、自觉积极性原则

体能训练是一个长期积累的过程，也是一个艰苦奋斗的过程。从身体训练的实践来看，参训者必须克服自身的惰性，强迫自己去"吃苦"，通过身体训练增强体质，提高活动能力和健康水平。良好的体能绝非一朝一夕可以实现的，需要长期坚持不懈的努力。

首先应提高参训者对体能训练的认识，了解体能训练的价值以及科学训练的知识和方法，才能调动参训者参与体能训练的自觉性和积极性。其次要明确训练的目的，要把个人的切身需要和身体训练的功效与国家、职业的需要结合起来，这样就能更好地激发个人参训的热情。在这个基础上，还应认真选择适宜的体能训练内容和方法，以及安排适宜的训练负荷，在训练之后能获得一种精神上的满足，心情舒畅。人们在开展自觉有趣的活动时，人体生理机能将会发生良性的变化，比如血糖上升、情绪饱满等。因此，如果没有自觉性和积极性，体能训练就不可能长期坚持下去，也就不能获得体质增强、体能提高的效果。

二、因人制宜原则

体能训练应根据个体的具体情况，诸如年龄、性别、健康状况、体质水平、生活条件以及工作特点等，合理地选择和确定训练的内容和方法、训练的负荷和强度并进行科学的训练安排。

三、循序渐进原则

在安排训练内容、难度、时间以及训练负荷等时要有计划、有步骤地提高要求，不能急于求成。这个原则的重点一个是"序"，一个是"进"。所谓"序"，就是要有顺序地进行训练，不能随心所欲；所谓"进"，就是要有所进步，要不断提高，而不能只练不"进"、原地踏步。体能训练的过程是有序的、渐进的，特别是训练的负荷应由小到大逐步增加。因为人体在承受一定的负荷后，有一个适应的过程，这个过程就是有机体机能提高的过程。只有当有机体对原有的负荷适应了以后再逐渐加大负荷，才能逐步适应。如果不顾这一原则而突然加大负荷，或忽大忽小，或总是保持在一个水平上，都会影响训练的效果。

循序渐进原则在体能训练的各个环节上都要注意体现和贯彻。第一，每一次训练要注意练习强度应逐渐增大，要符合人体在运动时机能活动变化的规律，比如跑步的速度由慢到快。第二，在一定的阶段后，逐步增加训练的时间和次数。第三，在训练的内容上，由简到繁，先分解再完整。第四，在训练的要求上，由易到难，由低到高，逐步加大难度。

四、全面性原则

体能训练的主要目的是促进人体机能的全面发展，特别是对处于生长发育阶段的青年学生来说，全面训练尤其重要。人体是一个由各种组织、器官和系统构成的整体。各器官系统虽有相对的独立性，但它们又是相互影响、相互制约的。如果体能训练不注意身体各部位、各系统的全面均衡发展，就会导致不均衡性和不协调性。比如，只注意形体、肌肉的发展，而不注意提高内脏器官的功能，久而久之，就会出现有机体的形态或功能的退化和不协调。

全面的体能训练，概括起来应包括以下方面：机体各个部位的全面训练；机体各器官、各系统的全面训练；身体素质和运动能力的全面训练；适应各种自然环境的全面训练。

贯彻全面性原则，应注意以下两点。第一，训练内容和手段要多样化。由于各种不同运动特点的训练项目在发展身体机能方面有其不同的作用，因而也就有一定的局限性。比如短跑有利于提高机体的无氧代谢能力，长跑有利于提高心血管系统和呼吸系统的功能，但是这两项训练对上肢的影响都较小。要发展上肢的肌肉，就必须专门进行一些力量练习。在合理搭配的前提下，经过一个阶段的锻炼之后，再加以调整，才会显示出全面训练的效果。但是要注意训练时应防止形式上的多变，所谓训练手段的多样化并不等于一天换一个方式。只有把长期训练看成是一个完整的过程，才能做出合理的、全面的安排。第二，全面发展身体机能不等于没有重点地平均发展，而应根据身体条件和职业特点，优先发展那些空保工作中最需要的身体素质和身体活动能力。

五、合理的运动负荷原则

运动负荷是指人体在运动时练习量和强度对机体的影响。体能训练要想取得理想的效果，就必须要有一定的合理的负荷。负荷过小或过大，都不能对有机体产生积极的影响，若机体不能产生一种"持续性的适应"，机能能力也就不能提高。所谓合理，是指运动负荷量与参训者所能承受的生理负荷量要相适应。运动负荷量是指参训者在训练时所承受的物理负荷量，它是由运动的内容、时间、数量、强度等多种因素组成的。而生理负荷量则是人体在运动中对物理负荷量产生的生理机能反应的量。这是两个不同的概念。如在训练中运动负荷过大，超过了机体的负荷极限，就易损害身体健康；反之，运动负荷过小，未能引起机体的反应，则达不到训练的效果。因此，合理地安排运动负荷量，使参训者达到适宜的生理负荷量，才能在体能训练中收到良好的训练效果。

对青年人来说，负荷量的确定一般采用测心率的办法。一般将最大摄氧量的60%～70%，或120～140次/分的心率作为其负荷量。各种不同性质的训练项目，其负荷特点也不同。耐力项目持续时间长而强度小，力量项目和速度项目持续时间短而强度大，因此，标准往往不是绝对固定的，而应根据训练的目的和效果不断调整。另外，还可以根据训练时或训练后的自我感觉、恢复状况，以及训练时的脉搏频率来掌握和调节训练的负荷。

六、持之以恒原则

凡事必须有恒,方能获得效果。从生物学的角度来看,人的体能增强是一个不断积累、逐步提高的过程,既不可能在短时间内一举取得成效,也不可能一劳永逸,必须坚持训练。如果训练中断,原来训练所获得的成果不仅不能保持,而且还会消退。从辩证的观点来看,人的机体总是在不断发展变化之中,弱的可能变强,强的也能变弱。能否坚持训练,就是其变化的重要条件之一。

> **思考与练习**
>
> 1. 请结合第一节相关内容,用自己的语言描述航空安全员体能训练的内涵。
> 2. 民航空保专业学生在体能训练课程的理论学习中,需要掌握哪些具体方法?
> 3. 请结合第二节相关内容,用自己的语言描述体能训练的基本原则并举例分析。

第二章　航空安全员体能训练的重点科目

 学习目的

掌握和熟悉航空安全员体能考核与体能训练中的运动技术与方法。
掌握并练习针对体能考核科目的专门性训练。
能够根据自身体能训练水平，选取适宜的训练手段，制订并实施初级体能训练方案。

为提升航空安全员体能训练质量与考核通过率，在教学训练中可以将重点科目（双杠臂屈伸、单杠引体向上、仰卧举腿、100 m 跑、3000 m 跑、50 kg 负重卧推、5×25 m 折返跑、三级立定跳远）作为基本训练方法，因为考核科目本身也是最为直接有效的训练项目。但是，在提升练习的全面性和多样性时，单纯采用考核科目的运动方式可能无法满足实际的训练需求。例如：利用核心训练特别是静力性练习动作虽然能够提升决定仰卧起坐动作的肌肉能力，但是两者的动作形式不同（动力和静力），因此与直接练习仰卧起坐相比，核心训练产生的效果可能并不直接。因此，本章节除介绍标准之外，更依照考核标准和科目设计了相应的直接训练手段与组织模式，以丰富教学训练，提高学生训练积极性。

本部分详细介绍各项考核科目的考核标准、技术要点、保护与辅助、失格动作（失误或错误动作）等。失格动作或失格行为被称为无效动作或无效行为，不计入考核个数与成绩，甚至可以作为取消考试资格或者判定考核不合格的依据。

此外，本章围绕航空安全员体能训练的重点科目，介绍更为丰富的体能训练手段与方法，这些手段与方法虽然在内容、形式与动作结构上与本章所介绍的各类科目不同，但是利用这些训练与手段方法并科学地组织实施，不仅对提高航空安全员体能考核成绩、完成达标起到保障作用，同时能够更为全面地提升空保专业学生的整体体能水平，保证学生在校与入职后具备健康的身体、强健的体能以及具有承担工作负荷、接受专业训练所应具备的各项能力。基于此，读者可以根据自身需要灵活选取，参照练习，以丰富体能训练内容，全面提升各项身体素质。

  ## 第一节　单杠引体向上

单杠引体向上正确动作与错误动作请扫描以下二维码观看。

视频1　单杠引体向上（正确动作）　　　视频2　单杠引体向上（错误动作）

一、考核标准

引体向上是各年龄段航空安全员(空警)体能考核的重点科目,是利用单杠进行考核的技术,是以考核力量、耐力为目的的全身性考核科目。在引体向上考核中,保护者的数量一般为两名,可采用杠后双人搭手保护、杠前后双人同时保护、杠后与杠侧双人同时保护等保护形式开展保护与辅助工作。

被试者需要在听到口令后由地面跳起握杠并在不借助身体用力摆动的前提下,完成引体向上动作并达到相应考核要求的数量,完成后落地自行收势,听从指挥结束考核。

二、技术要点

(一)地面姿势与起跳

被试者在单杠下呈立正姿势站好,听从指挥员口令(图 2-1)。当听到口令"引体向上预备——开始"后,被试者双手主动后摆、弓腰收腹、双腿屈曲、脚前掌发力积极向上跃起;跃起同时双臂积极上举,双手顺势牢牢抓握单杠,被试者双手手背朝向头部,以约定俗成的"正握姿势"即解剖学的"反握姿势"握杠,以闭锁式握法控制抓握动作。在完成考核或者落杠之前,原则上保持抓握姿势和抓握距离不变。

(二)握距

握距是指被试者双手抓握单杠时两手内侧的距离。握距一般以本人肩宽的 1.25 倍为适宜宽度,确定握距的有效办法是被试者在地面双手自然上举,通过目视或者用皮尺直接测量被试者双手在空中自然打开的间距得出单杠的适宜握距。在引体向上的练习中,握距等于肩宽的抓握方法称为窄握距抓握法,握距等于或者超过肩宽 1.5 倍的抓握方法称为宽握距抓握法,而握距在肩宽的 1.25 倍左右的抓握方法称为标准握距抓握法。航空安全员引体向上考核一般采用标准握距抓握法进行单杠抓握。

(三)悬空静止姿势

被试者腾空握杠后,在空中保持身体的自然下垂与静止(图 2-2)。躯干保证稳定,被试者主动收腹屏气、双眼目视前方、略微含下颌、双腿主动并拢伸直、双脚背屈绷脚尖,不可出现双腿屈膝、双腿打开、双脚交叉、身体前后左右晃动等多余动作。

(四)向上运动阶段

被试者紧握单杠、头部略微后仰抬下颌、双臂屈曲主动用力、躯干保持稳定、髋关节可以在向上运动时略微前倾、臀大肌收紧、双腿主动并拢伸直、脚尖绷直,利用斜方肌、背阔肌

图 2-1　地面姿势

图 2-2　悬空静止姿势

的力量将身体拉高超过单杠。在此过程中,严禁使用躯干、双腿或者借助全身性的预摆和晃动产生的冲量完成引体向上的动作。

(五) 有效动作与过杠

评价引体向上成功或者有效的方法有两点:第一,双臂上拉身体,被试者的下颌超过单杠并保持 0.5~1 s(图 2-3);第二,在满足第一点的同时,被试者的双臂同时应做到上臂与前臂外侧在桡骨处贴附或接近贴附,在进行宽握距引体向上时或被试者肩关节较宽、被试者双臂较长时,肘关节屈曲角度在 30°以内。

(六) 向下运动阶段

被试者双手依然用力抓握单杠,双臂逐渐放松,身体慢速下降。在下降过程中,躯干要保持稳定,臀大肌要收紧,双腿要主动并拢伸直,脚尖要绷直。

(七) 连续与重复

被试者身体在向下运动的最后阶段达到双臂完全伸直的状态后,再依照上文要求开始下一动作流程并循环往复。

图 2-3　有效动作与过杠

（八）落地与结束

当被试者达到考核要求的数量、达到自己所能完成的极限或者无力抓握单杠伸直落杠后,尽可能以慢速姿势做"向下运动阶段"的各项动作;当听到指挥员发出的"停止——着地"口令时轻跳着地或因体力不支自行落地;落地后调整站位呈立正姿势,双手主动上举,双手五指并拢掌心朝向指挥员做收势动作;听到指挥员发出的"归队"口令或其他指示后,自行入队或投入保护工作。

三、保护与辅助

（一）杠后双人搭手保护

考核保护:采取双人保护,两名保护者站于单杠后方被试者身后,两名保护者的内侧左右手十指相握,左右臂搭手伸直;外侧左右臂向正前方伸出。当被试者后仰落杠时,两名保护者用内侧搭手臂自后腰下兜住被试者,帮助其落地站立;当被试者前栽落杠时,两名保护者迅速前上步,用外侧手抓握被试者体侧衣物,内侧手松开自被试者腋下托腋,帮助被试者落地站立。

练习辅助:可以在练习者向上或向下运动阶段给予助力和托举,帮助其适应运动技术动作对肌肉和关节的刺激。

（二）杠前后双人同时保护

考核保护:采取双人保护,一名保护者站于单杠前面对被试者,另一名保护者站于单杠后方被试者身后,两名保护者高抬双臂呈保护姿势;当被试者后仰落杠时,后方保护者双臂张开自被试者腋下或腰腹部抱住被试者,前方保护者迅速前上步进行辅助支撑;当被试者前栽落杠时,前方保护者自被试者腋下或腰腹部抱住被试者,后方保护者迅速前上步进行辅助支撑。

练习辅助:后方保护者可以在练习者向上或向下运动阶段给予助力和托举,帮助其适应运动技术动作对肌肉和关节的刺激;前方保护者高抬双臂呈保护姿势以防止被试者前栽落杠并时刻做好托举准备。

(三) 杠后与杠侧双人同时保护

考核保护:采取双人保护,一名保护者站于单杠侧面被试者体侧(一般为右侧),另一名保护者站于单杠后方被试者身后,两名保护者高抬双臂呈保护姿势;当被试者后仰落杠时,后方保护者双臂张开自被试者腋下或腰腹部抱住被试者,前方保护者迅速向左后方进行辅助支撑;当被试者前栽落杠时,前方保护者迅速向右前方自被试者腋下或腰腹部抱住被试者,后方保护者迅速前上步进行辅助支撑。

练习辅助:后方保护者可以在练习者向上或向下运动阶段给予助力和托举,帮助其适应运动技术动作对肌肉和关节的刺激;前方保护者高抬双臂呈保护姿势以防止被试者前栽落杠并时刻做好托举准备。

四、失格动作

(1) 在起跳握杠后,未悬垂静止,反而借助向上起跳的力量完成并继续进行引体向上。利用此失格动作完成的数量不计入考核成绩,不听从指挥员停止命令的被试者可视为此项科目不合格。

(2) 有悬垂静止阶段,但是在向上运动阶段利用髋关节、双腿甚至全身进行多余摆动完成引体向上动作。

(3) 无论是否有多余摆动,下颌未超过单杠或肘关节未能屈曲至30°以内。

(4) 在向下运动阶段双臂未能完全伸直即进行下一个动作循环的开始。

(5) 在整个引体向上动作过程中借助外力或发生蹬踏器械的动作。

(6) 未按照双臂直上直下、髋关节微前倾、下颌过杠等动作要求而进行的其他任何类型动作。

五、针对性训练

(一) 单杠静力悬垂(图2-4)

(1) 根据自身能力灵活选用标准握距或者宽握距握杠,双脚腾空。

(2) 在双臂完全伸直的情况下,保持颅顶、躯干、下肢在同一垂线上,全身垂直于地面;双眼目视前方或前上方,主动收腹提臀,双腿自然并拢,脚尖伸直。

(3) 保持悬垂姿势直至双手力竭脱杠为止。

(4) 主动或被动脱杠后,控制身体着地;在着地瞬间,双脚脚前掌主动触地、两腿并拢屈膝、弯腰略下蹲。

(二) 单杠屈肘静力悬垂(图 2-5)

(1) 根据自身能力灵活选用标准握距或者宽握距抓杠，双脚腾空。

(2) 主动向上运动，双臂屈曲至肘关节成 90°。

(3) 在保证双臂屈曲的情况下，保持颅顶、躯干、下肢在同一垂线上，全身垂直于地面；双眼目视前方或前上方，主动收腹提臀，双腿自然并拢，脚尖伸直。

(4) 保持悬垂姿势直至双手力竭脱杠为止。

(5) 主动或被动脱杠后，控制身体着地；在着地瞬间，双脚脚前掌主动触地、两腿并拢屈膝、弯腰略下蹲。

图 2-4　单杠静力悬垂

图 2-5　单杠屈肘静力悬垂

(三) 杠上静力悬垂

(1) 根据自身能力灵活选用标准握距或者宽握距抓杠，双脚腾空。

(2) 主动向上运动或者借力完成引体动作，下颌高于单杠，双臂屈曲。

(3) 在保证下颌高于单杠、双臂屈曲的情况下，保持颅顶、躯干、下肢在同一垂线上，全身垂直于地面；双眼目视前方，主动收腹提臀，双腿自然并拢，脚尖伸直。

(4) 保持悬垂姿势直至双手力竭脱杠为止。

(5) 主动或被动脱杠后，控制身体着地；在着地瞬间，双脚脚前掌主动触地、两腿并拢屈膝、弯腰略下蹲。

(四) 反向引体向上

(1) 根据自身能力灵活选用标准握距或者宽握距握杠，双脚腾空。

(2) 主动向上运动或者借力完成引体动作,下颌高于单杠,双臂屈曲,保持静止时间不少于 2 s。

(3) 主动控制身体,使身体自杠上慢速做由上至下的运动。

(4) 当双臂屈曲恢复至肘关节成 90°时,保持身体的悬空静止姿态与"单杠屈肘静力悬垂"动作标准一致,保持静止时间不少于 2 s。

(5) 继续慢速做向下的运动,双臂由屈曲状态慢慢过渡到伸直状态。

(6) 当双臂完全伸直时,保持身体的悬空静止姿态与"单杠静力悬垂"动作标准一致。

(7) 保持悬垂姿势直至双手力竭脱杠为止。

(8) 主动或被动脱杠后,控制身体着地;在着地瞬间,双脚脚前掌主动触地、两腿并拢屈膝、弯腰略下蹲。

(五) 助力引体向上(保护者参与)(图 2-6)

(1) 练习者根据自身能力灵活选用标准握距或者宽握距握杠,双脚腾空。

(2) 主动向上运动或者借力完成引体动作,下颌高于单杠,双臂屈曲,保持静止时间不少于 2 s。

(3) 在向下运动前,双腿姿态变伸直为膝关节屈曲,双腿后伸,两脚交叉。

(4) 保护者站于练习者身后,手前伸持握练习者双脚;保护者呈弓箭步姿势准备,并跟随练习者的上下运动做出相应的重心高低变化。

(5) 在保护者的向上助力下,练习者完成向上拉起与保持静止。

(6) 当练习者与保护者确认练习结束或任何一方体力不支后,保护者主动松手后撤。

(7) 练习者主动或被动脱杠后,控制身体着地;在着地瞬间,双脚脚前掌主动触地、两腿并拢屈膝、弯腰略下蹲。

(8) 两人交替。

(六) 单杠悬垂干扰(保护者参与)(图 2-7)

(1) 练习者根据自身能力,灵活选用或参照"单杠静力悬垂""单杠屈肘静力悬垂""杠上静力悬垂""反向引体向上"等的练习动作进行引体向上动作练习。

(2) 保护者用掌、拳或拳套等,力度由轻至重、幅度由小至大、频率由慢至快地推击或者拍打练习者;或者用双手使练习者发生小幅度旋转。

(3) 练习者坚持至双手力竭脱杠为止。

(4) 练习者主动或被动脱杠后,控制身体着地;在着地瞬间,双脚脚前掌主动触地、两腿并拢屈膝、弯腰略下蹲。

(5) 两人交替。

(七) 负重引体向上(双手握杠)

(1) 练习者在上杠前用拖吊、固定等方式将杠铃片、哑铃或其他重物负担于身体。

(2) 除"助力引体向上"练习动作之外,练习者可以采用任一上文介绍的训练方法和动

图 2-6　助力引体向上　　　　　图 2-7　单杠悬垂干扰

作形式进行负重引体向上(双手握杠)。

（八）单手引体向上（图 2-8）

（1）练习者站于单杠下，双臂向上伸出，双手掌心朝向杠体。

（2）练习者主动向上腾空跃起，两手握杠；随即向左侧或者右侧主动偏移身体重心，松开一只手，松开手迅速抓握住握杠手的手腕处。

图 2-8　单手引体向上

(3)除"助力引体向上"练习动作之外,练习者可以采用上文介绍的任一训练方法和动作形式进行引体向上练习(包括负重练习)。

(4)当一只手握杠练习结束后,练习者可以按照上文提到的动作要求先落地再反跳换手进行另一只手握杠练习;伴随能力的提高,练习者可以谨慎采用空中换手的方法在保持身体悬空的状态下直接进行双手的交替抓握与后续练习动作:当一只手握杠练习结束后,另一只手主动松开握杠手手腕并主动抓握单杠;练习者在空中将身体姿态与重心向后握杠手处倾斜;当练习者在双手抓握单杠姿态下将身体重心稳定后,再进行后抓握手的握杠与之前练习手的脱杠抓腕和重心侧移动作;随即开展交替练习。

(九)单杠练习操(组合动作)

(1)练习者采用助跑和起跳助力引体、双手正握引体、双手反握引体等动作完成单杠练习操。

(2)单杠练习操共分为以下四个口令和步骤。

第一步,助跑和起跳助力引体。练习者面对单杠,于1 m外站立准备。当听到指挥员下达口令"1"后,向前小步助跑一至两步,于杠下用力蹬地向上跳起握杠,并通过向上跳起的助力完成两个引体动作。完成后松杠自然落地呈站立姿势准备。

第二步,双手正握引体向上。当听到指挥员下达口令"2"后,练习者于杠下用力蹬地向上跳起握杠,随即双臂伸直呈静力悬垂姿态并保持静止动作1 s。之后练习者以双手正握单杠(手掌掌心同目视方向)完成两个标准引体向上动作。完成后松杠自然落地呈站立姿势准备。

第三步,双手反握引体向上。当听到指挥员下达口令"3"后,练习者于杠下用力蹬地并向后上方跃起,同时以双手反握姿势(手掌掌心指向练习者面部)抓握单杠,随即练习者双臂伸直呈静力悬垂姿态并保持静止动作1 s。之后练习者双手反握单杠完成两个反握引体向上动作。完成后松杠自然落地呈站立姿势准备。

第四步,反跳正握引体向上。当听到指挥员下达口令"4"后,练习者于杠下用力蹬地向上跃起,在握杠前在空中主动完成180°转体,双臂用力向上伸直并握杠,随即双臂伸直呈静力悬垂姿态并保持静止动作1 s。之后练习者双手正握单杠(手掌掌心同目视方向)完成两个标准引体向上动作。完成后松杠自然落地、收势、归队或交替练习并参与保护。

(十)持球引体向上

(1)练习者在上杠前双手各抓握一个网球或其他具有一定弹性的球状器械。

(2)练习者需要完成持球握杠,握杠时双手持球的部分位于单杠上部,以手掌包裹球体,同时手指完成牢固的握杠动作,以增大对手指、手掌、手腕等支撑部位的有效刺激和动员。

(3)除"助力引体向上"练习动作之外,练习者可以采用任意一种上文介绍的训练方法和动作形式进行持球引体向上(包括单手持握、双手持握与单杠练习操)的练习。

(十一) 非稳定抓握引体向上（图 2-9）

（1）练习者在上杠前将抱树带、绷带、绳索等物体缠绕在单杠上，或者直接将这类物体于高处固定并留出可以抓握的距离。

（2）练习者抓握的位置为上述物体在空中的自由下垂部分。

（3）练习者在跳起后双手或单手主动抓握上述物体在空中的自由下垂部分，并积极完成要求的引体向上动作。

（4）在空中无固定的状态下，练习者需尽最大努力控制手部、手臂、躯干的稳定性，控制摆动并完成引体向上动作。

（5）除"助力引体向上""持球引体向上"练习动作之外，练习者可以采用任意一种上文介绍的训练方法和动作形式进行非稳定抓握引体向上（包括单手持握、双手持握与单杠练习操）的练习。

图 2-9 非稳定抓握引体向上

(十二) 直臂悬垂收腹（图 2-10）

（1）练习者双手握杠，双臂伸直，双脚离地，保持悬垂姿态。

（2）练习者双腿主动并拢伸直，绷脚尖。

（3）随即，练习者双腿主动在膝关节处屈曲完成屈膝。

（4）在保证屈膝运动的前提下，保持直臂悬垂姿态。

（5）双腿主动向上团起，髋关节屈曲，膝关节接触胸部，完成收腹动作。

（6）慢速还原动作并随即开展后续的动作循环。

(十三) 直臂悬垂直腿收腹（图 2-11）

(1) 练习者双手握杠,双臂伸直,双脚离地,保持悬垂姿态。
(2) 练习者双腿主动并拢伸直,绷脚尖。
(3) 随即,练习者双腿主动并拢上抬。
(4) 在保证直腿上抬运动的前提下,保持直臂悬垂姿态。
(5) 双腿主动向上团起,髋关节屈曲,膝关节接触胸部,完成收腹动作。
(6) 慢速还原动作并随即开展后续的动作循环。

图 2-10　直臂悬垂收腹

图 2-11　直臂悬垂直腿收腹

(十四) 杠上屈臂收腹（图 2-12）

(1) 练习者双手握杠,双臂伸直,双脚离地,保持悬垂姿态。
(2) 练习者双腿主动并拢伸直,绷脚尖。
(3) 练习者完成引体向上动作。
(4) 在完成杠上的引体动作之后,保持肘关节屈曲,双臂贴附,或下颌高于单杠的姿态。
(5) 随即,练习者双腿主动在膝关节处屈曲完成屈膝。
(6) 在保证屈膝运动的前提下,保持双臂在肘关节屈曲以及下颌原有的姿态。
(7) 双腿主动向上团起,髋关节屈曲,膝关节接触胸部,完成收腹动作。
(8) 慢速还原动作,身体完成直臂悬垂姿态并随即开展后续的动作循环。

(十五)杠上屈臂直腿收腹(图 2-13)

(1)练习者双手握杠,双臂伸直,双脚离地,保持悬垂姿态。
(2)练习者双腿主动并拢伸直,绷脚尖。
(3)练习者完成引体向上动作。
(4)在完成杠上的引体动作之后,保持肘关节屈曲,双臂贴附,或下颌高于单杠的姿态。
(5)随即,练习者双腿主动并拢向上抬起。
(6)在保证双腿并拢上抬运动的前提下,保持双臂在肘关节屈曲以及下颌原有的姿态。
(7)双腿主动向上团起,髋关节屈曲,膝关节接触胸部,完成收腹动作。
(8)慢速还原动作,身体完成直臂悬垂姿态并随即开展后续的动作循环。

图 2-12 杠上屈臂收腹

图 2-13 杠上屈臂直腿收腹

(十六)直臂悬垂转髋(图 2-14)

(1)练习者双手握杠,双臂伸直,双脚离地,保持悬垂姿态。
(2)练习者双腿主动并拢伸直,绷脚尖。
(3)练习者以髋关节中点为圆心,下肢主动并拢用力伸直。
(4)双腿以直膝或屈膝的姿态向前侧方伸出并完成顺时针或逆时针的旋转打圈。
(5)在完成单个圈数的运动后,反方向旋转并随即交替开展后续的动作循环。

（十七）杠上屈臂悬垂转髋（图 2-15）

（1）练习者双手握杠，双臂伸直，双脚离地，保持悬垂姿态。
（2）在向杠上拉起状态前，练习者双腿主动并拢伸直，绷脚尖。
（3）练习者完成引体向上动作。
（4）在完成杠上的引体动作之后，保持肘关节屈曲，双臂贴附，或下颌高于单杠的姿态。
（5）以练习者髋关节中点为圆心，下肢主动并拢用力伸直。
（6）双腿向前侧方伸出并完成顺时针或逆时针的旋转打圈。
（7）在完成单个圈数的运动后，反方向旋转并随即交替开展后续的动作循环。

图 2-14 直臂悬垂转髋

图 2-15 杠上屈臂悬垂转髋

（十八）直臂悬垂屈腿体侧屈（图 2-16）

（1）练习者双手握杠，双臂伸直，双脚离地，保持悬垂姿态。
（2）练习者双腿主动并拢伸直，绷脚尖。
（3）随即，练习者双腿主动在膝关节处屈曲完成屈膝。
（4）在保持现有姿态的同时，双腿并拢屈膝主动向躯干左右两侧完成侧屈。
（5）双腿屈膝交替完成左右两侧各一次侧屈为一个循环。
（6）随即还原为直臂悬垂屈腿姿势。
（7）开展后续的动作循环。

（十九）杠上屈臂悬垂体侧屈

（1）练习者双手握杠，双臂伸直，双脚离地，保持悬垂姿态。

（2）练习者双腿主动并拢伸直，绷脚尖。

（3）练习者完成引体向上动作。

（4）在完成杠上的引体动作之后，保持肘关节屈曲双臂贴附以及下颌高于单杠的姿态。

（5）随即，练习者双腿主动在膝关节处屈曲完成屈膝。

（6）在保持现有姿态的同时，双腿并拢屈膝主动向躯干左右两侧完成侧屈。

（7）双腿屈膝交替完成左右两侧各一次侧屈为一个循环。

（8）随即还原为直臂悬垂屈腿姿势。

（9）开展后续的动作循环。

（二十）悬垂收腹引体向上（图 2-17）

（1）练习者双手握杠，双臂伸直，双脚离地，保持悬垂姿态。

（2）练习者双腿主动并拢伸直，绷脚尖。

（3）随即，练习者双腿主动在膝关节处屈曲完成屈膝。

（4）在保证屈膝运动的前提下，保持直臂悬垂姿态。

（5）双腿主动向上团起，髋关节屈曲，膝关节接触胸部，完成收腹动作。

（6）练习者在保持现有姿态的基础上，完成引体向上动作。

图 2-16　直臂悬垂屈腿体侧屈

图 2-17　悬垂收腹引体向上

(7) 随即还原为直臂悬垂屈腿姿势并保持静止姿态。

(8) 开展后续的动作循环。

(二十一) 弓箭步引体向上（图 2-18）

(1) 练习者双手握杠，双臂伸直，双脚离地，保持悬垂姿态。

(2) 练习者双腿主动并拢伸直，绷脚尖。

(3) 以练习者右腿在前为例：右腿主动屈膝前伸，左腿主动屈膝后摆，呈悬空的弓箭步姿势，同时上肢与躯干继续保持静力悬垂姿态。

(4) 练习者在保持现有姿态的基础上，完成引体向上动作。

(5) 随即还原为直臂悬垂屈腿姿势。

(6) 在下一个动作中左右腿交替完成前后初始姿态，左右腿交替完成两次动作为一个循环。

(7) 交替双腿姿态动作完成后续的练习循环。

(二十二) 分腿引体向上（图 2-19）

(1) 练习者双手握杠，双臂伸直，双脚离地，保持悬垂姿态。

(2) 练习者双腿主动并拢伸直，绷脚尖。

(3) 双腿在保持伸直、绷脚尖的前提下，主动向两侧外展呈分腿姿态，两腿间角度为 90°～120°。

(4) 练习者在保持现有姿态的基础上，完成引体向上动作。

图 2-18　弓箭步引体向上　　　　图 2-19　分腿引体向上

(5) 随即还原为直臂悬垂屈腿姿势。

(6) 开展后续的动作循环。

(二十三) 移动重心引体向上（图 2-20）

(1) 练习者双手握杠，双臂伸直，双脚离地，保持悬垂姿态。

(2) 练习者双腿主动并拢伸直，绷脚尖。

(3) 练习者双臂主动用力向上运动，至肘关节屈曲，上臂与前臂贴附状态，完成引体向上的向上动作阶段。

(4) 保证下颌高于单杠，双臂贴附是练习者悬垂的前提。

(5) 练习者将身体重心主动向右侧或左侧移动，致使躯干发生向右或者向左的运动并随即恢复至原有重心居中状态，左右交替为一次。

(6) 在重心移动的过程中，除肘关节伴随躯干运动发生一定的偏离之外，其他身体部分不发生任何运动。

(7) 随即还原为直臂悬垂屈腿姿势。

(8) 开展后续的动作循环。

图 2-20　移动重心引体向上

(二十四) 动力性空中抓杠引体向上

(1) 练习者双手握杠，双臂伸直，双脚离地，保持悬垂姿态。

(2) 练习者双腿主动并拢伸直，绷脚尖。

(3) 练习者双臂主动快速用力向上运动，至肘关节屈曲上臂与前臂贴附状态，躯干上部要高于单杠。

(4) 当练习者接近完成引体向上的向上动作阶段时，双手原位松开单杠，保持双手位置不变。

(5) 当练习者的躯干上部下落至接近单杠高度时，双手主动再次空中握杠。

(6) 练习者身体继续向下运动直至双臂呈伸直状态。

(7) 在较短时间内再次保持身体稳定垂直姿态，一个动作流程结束。

(8) 随即开展下一个动作流程并循环往复。

（二十五）反手抓握位引体向上（图 2-21）

（1）反手抓握：与解剖学中人体姿态中对于反手的定义不同，引体向上运动中的反手抓握源自对练习动作的约定俗成的称谓。反手抓握引体向上中的反手抓握是指练习者的双手手掌心朝向练习者面部并随即进行引体向上的抓握姿态。

（2）除练习者的双手呈反握位抓握姿态之外，其他引体向上动作标准和运动流程均与正手抓握位引体向上（练习者的双手手背朝向面部）相同。

（3）反手抓握位引体向上的其他练习动作可以参照上文所介绍的所有练习动作调整进行。

（二十六）交叉抓握位引体向上（图 2-22）

（1）交叉抓握：练习者一手手背朝向面部，另一手掌心朝向面部的抓握姿态。

（2）除练习者的双手呈交叉握位抓握姿态之外，其他引体向上动作标准和运动流程均与正手及反手抓握位引体向上相同。

（3）交叉抓握位引体向上的其他练习动作可以参照上文所介绍的所有练习动作调整进行。

图 2-21　反手抓握位引体向上

图 2-22　交叉抓握位引体向上

（二十七）吊抓握位引体向上（图 2-23）

（1）准备姿势：练习者在单杠下面呈侧向立正站立姿势。

（2）吊抓握位：练习者上杠后，双臂伸直，右手与左手呈前后姿态，以抓握状态担于单杠上，练习者身体姿势类似于吊起状态。

（3）除练习者的双手呈吊抓握位抓握姿态之外，其他引体向上动作标准和运动流程均与正手及反手抓握位引体向上相同。

（4）吊抓握位引体向上的其他练习动作可以参照上文所介绍的所有练习动作调整进行。

图 2-23 吊抓握位引体向上

第二节 双杠臂屈伸

双杠臂屈伸训练请扫描以下二维码观看、学习。

视频 3 双杠臂屈伸训练

一、考核标准

臂屈伸是利用双杠进行考核的技术,是各年龄段航空安全员(空警)在体能考核中的重要科目,是以考核力量、耐力为目的的全身性考核科目。在臂屈伸考核中,保护者的数量一般为两名,采用杠前后双人同时保护、杠后与杠侧双人同时保护等保护形式开展保护与辅助工作。

被试者需要在听到口令后由地面跳起撑杠并在不借助身体用力摆动的前提下,完成臂屈伸动作并达到相应考核要求的数量,完成后落地,自行收势,听从指挥,结束考核。

二、技术要点

(一)地面姿势与起跳

被试者在双杠一侧杠头前呈立正姿势站好,听从指挥员的口令。当听到口令"双杠臂屈伸预备——开始"后,被试者双手主动后摆、弓腰收腹、双腿屈曲、脚前掌发力积极向前上跃起;跃起同时双臂积极前伸撑杠,双手顺势牢固抓握并撑杠,被试者双手空握拳,拳眼指向目视方向,以闭锁式握法控制抓握动作。在完成考核或者落杠之前,原则上保持抓握姿势和抓握距离不变(图2-24)。

(二)握杠与撑杠

握杠(图2-25)是双杠臂屈伸动作中的特有技术环节,撑杠是在正确握杠的基础之上以双手在杠上承担身体重量的动作。双杠臂屈伸的臂部握杠动作,要求被试者在起跳触杠瞬间,身体保持稳定,双臂主动内收夹于体侧,双臂肘关节积极内旋使鹰嘴朝向身体后方;双手的握杠动作要求双手虎口(拳眼)朝向目视方向,将身体重心集中到双手大鱼际部分;手腕主动上挺,保持立腕姿态,避免手腕挫伤;以闭锁式握法握杠,全过程中手指保持主动发力。

图2-24 地面姿势

图2-25 握杠姿势

(三)悬垂静止姿势

被试者腾空握杠且撑杠后,在空中保持身体的自然下垂与静止。躯干保证稳定,双臂主动伸直夹住躯干,身体略微前倾3°~5°。要求主动收腹屏气、双眼目视前方、略微含下颌、双腿主动并拢伸直、双脚背屈绷脚尖,不可出现双腿屈膝、双腿打开、双脚交叉、身体前后左右晃动等多余动作。

(四)向下运动阶段

被试者双手依然用力撑杠,双臂逐渐放松,身体慢速下降。在下降过程中,保证躯干保持稳定、双臂肘关节保证内旋状态、臀大肌收紧、双腿主动并拢伸直、脚尖绷直。

（五）有效动作与过杠

评价双杠臂屈伸成功或者有效的方法有两点：第一，双臂积极屈曲，被试者的双肩贴附或低于过双杠并保持0.5～1 s（双肩贴杠）；第二，在满足第一点的同时，被试者的双臂同时应做到在屈曲状态时或被试者肩关节较宽、双臂较长时，肘关节屈曲角度在90°以内（不包括90°）（图2-26）。

图2-26　有效动作与过杠

（六）向上运动阶段

被试者用力撑杠，头部略微后仰抬下颌，双臂屈曲主动用力，躯干保持稳定，髋关节可以在向上运动时略微前倾，臀大肌收紧，双腿主动并拢伸直，脚尖绷直，利用肱三头肌的力量将身体拉高超过单杠。在此过程中，严禁使用躯干、双腿，或者借助全身性的预摆和晃动产生的冲量完成双杠臂屈伸的动作。

（七）连续与重复

被试者身体在向上运动的最后阶段，达到双臂完全伸直的状态后，再依照上文要求开始下一动作流程并循环往复。

（八）落地与结束

当被试者达到考核要求动作的数量、达到自己所能完成的极限或者无力撑杠后，尽可能以慢速的姿势做"向下运动阶段"的各项动作；当听到指挥员发出的"停止——着地"口令时轻跳着地或因体力不支自行落地；落地后调整站位呈立正姿势，双手主动上举，双手五指并拢掌心朝向指挥员做收势动作；听到指挥员发出的"归队"口令或其他指示后，自行入队或投入保护工作。

三、保护与辅助

（一）杠前后双人同时保护

考核保护：采取双人保护，一名保护者站于双杠前面对被试者，另一名保护者站于双杠后方被试者身后，两名保护者高抬双臂呈保护姿势；当被试者后仰落杠时，后方保护者双臂张开自被试者腋下或腰腹部抱住被试者，前方保护者迅速前上步进行辅助支撑；当被试者前栽落杠时，前方保护者自被试者腋下或腰腹部抱住被试者，后方保护者迅速前上步进行辅助支撑。

练习辅助：后方保护者可以在练习者向上或向下运动阶段给予助力和托举，帮助其适应运动技术动作对肌肉和关节的刺激；前方保护者高抬双臂呈保护姿势以防止被试者前栽落杠并时刻做好托举准备。

（二）杠后与杠侧双人同时保护

考核保护：采取双人保护，一名保护者站于双杠前侧面且被试者体侧（一般为右侧），可以选择双臂预先插入杠下的保护预备姿势，另一名保护者站于双杠后方被试者身后，两名保护者高抬双臂呈保护姿势；当被试者后仰落杠时，后方保护者双臂张开自被试者腋下或腰腹部抱住被试者，前方保护者迅速进行辅助支撑；当被试者前栽落杠时，前方保护者迅速自被试者腋下或腰腹部抱住被试者，后方保护者迅速前上步进行辅助支撑。

练习辅助：后方保护者可以在练习者向上或向下运动阶段给予助力和托举，帮助其适应运动技术动作对肌肉和关节的刺激；前保护者高抬双臂呈保护姿势以防止被试者前栽落杠并时刻做好托举准备。

四、失格动作

（1）在起跳握杠且撑杠后，未悬垂静止，反而借助向上起跳的力量并主动下坠身体，以重力的反弹完成并继续进行臂屈伸。利用此失格动作完成的数量不计入考核成绩，不听从指挥员停止命令的被试者可视为此项科目不合格。

（2）有悬垂静止阶段，但是在向下运动阶段利用髋关节、双腿甚至全身进行多余摆动完成双杠臂屈伸动作。

（3）无论是否有多余摆动，在向下过杠阶段双肩未触及或低于双杠或肘关节未能屈曲至90°以内（不包括90°）。

（4）在向上运动阶段双臂未能完全伸直即进行下一动作循环的开始。

（5）在整个双杠臂屈伸动作过程中借助外力或发生蹬踏器械的动作。

（6）使用欺骗式做法，未使用肱三头肌力量，反而借助向下运动阶段身体重心的变化，过度前栽头部与躯干上半部分，造成上臂在肘关节处主动屈曲且动作轨迹非上下运动而为前下运动。

（7）未按照双臂主动发力、髋关节微前倾、肩部贴杠或过杠、肘关节屈曲至90°以内（不包括90°）等动作要求而进行的其他任何类型动作。

五、针对性训练

（一）杠上静力悬垂（图 2-27）

（1）练习者主动蹬地撑杠，完成杠上的直臂支撑动作。
（2）练习者保持杠上直臂支撑，抬头挺胸，主动收腹提臀，双腿并拢目视前方，身体略前倾10°。
（3）练习者双臂保持直臂动作，主动夹紧躯干两侧。
（4）保持现有动作直至达到一定时间或至力竭，轻跳落地。

（二）杠上屈肘静力悬垂（图 2-28）

（1）练习者主动蹬地撑杠，完成杠上的直臂支撑动作。
（2）练习者双臂主动屈曲至肘关节成90°，停止屈曲并保持角度。
（3）练习者在保持杠上屈肘支撑的前提下，抬头挺胸，主动收腹提臀，目视前方，身体略前倾10°。
（4）练习者保持双臂屈肘支撑动作，两肘关节主动内扣。
（5）保持现有动作直至达到一定时间或至力竭，轻跳落地。

图 2-27　杠上静力悬垂

图 2-28　杠上屈肘静力悬垂

(三) 杠上直腿卷腹静力悬垂（图 2-29）

（1）练习者主动蹬地撑杠，完成杠上的直臂支撑动作。

（2）练习者保持杠上直臂支撑，抬头挺胸，主动收腹提臀，双腿并拢。

（3）练习者两腿主动并拢抬高至与躯干成 90°，停止抬高并保持角度。

（4）练习者双臂保持直臂动作，主动夹紧躯干两侧。

（5）保持现有动作直至满足一定时间或至力竭，轻跳落地。

(四) 杠上直腿卷腹屈肘静力悬垂

（1）练习者主动蹬地撑杠，完成杠上的直臂支撑动作。

图 2-29　杠上直腿卷腹静力悬垂

（2）练习者双臂主动屈曲至肘关节成 90°，停止屈曲并保持角度。

（3）练习者在保持杠上屈肘支撑的前提下，抬头挺胸，主动收腹提臀，双腿并拢。

（4）练习者两腿主动并拢抬高至与躯干成 90°，停止抬高并保持角度。

（5）练习者保持双臂屈肘支撑动作，两肘关节主动内扣。

（6）保持现有动作直至达到一定时间或至力竭，轻跳落地。

(五) 直臂挂杠（图 2-30）

（1）练习者面对双杠，立正站好，双臂向前伸直。

（2）积极蹬地上杠，将双臂贴附于杠面，双手正前方伸出握杠，呈直臂挂杠姿势。

（3）保持现有动作直至达到一定时间或至力竭，双臂主动撑离杠体，轻跳落地。

图 2-30　直臂挂杠

(六) 屈肘挂杠(图 2-31)

(1) 练习者面对双杠,立正站好,双臂向前伸直。
(2) 积极蹬地上杠,双臂主动屈曲至肘关节成 90°,双手自下而上自双杠杠体正下方握杠。
(3) 双脚主动离地,双腿并拢伸直抬起或双腿屈曲后摆,身体在空中呈屈肘挂杠姿势。
(4) 保持现有动作直至达到一定时间或至力竭,双脚主动落地,随即松手脱杠,恢复至立正姿势并后撤步退出双杠。

图 2-31 屈肘挂杠

(七) 负重静力杠上悬垂

(1) 练习者采用背扛、系绑、身穿等方式于肩部、背部、下肢及踝关节负重。
(2) 在负重的情况下完成上述六类练习动作。

(八) 负重标准双杠臂屈伸

(1) 练习者两腿主动并拢抬高至与躯干成 90°,停止抬高并保持角度。
(2) 练习者完成双杠臂屈伸练习动作。

(九) 间歇双杠臂屈伸

(1) 练习者主动蹬地撑杠,完成杠上的直臂支撑动作。
(2) 练习者开始向下运动,双臂主动屈曲至肘关节成 90°,停止屈曲并保持角度达 1 s,即开始第一个间歇。
(3) 继续向下运动,练习者运动至双肩贴杠,双臂停止屈曲并保持角度达 1 s,即开始第二个间歇。

（4）开始向上运动，在双臂恢复屈伸角度至90°时，停止屈伸并保持角度达1 s，即开始第三个间歇。

（5）恢复至杠上直臂支撑动作，保持1 s后进行下一组动作循环。

（十）弓箭步双杠臂屈伸（图2-32）

（1）练习者主动蹬地撑杠，完成杠上的直臂支撑动作。

（2）以右腿在前为例，练习者保持躯干的垂直姿态，右腿屈曲前伸，左腿屈曲后摆，身体在空中呈弓箭步姿势。

（3）保持上述动作完成双杠臂屈伸的向下运动和向上恢复动作。

（4）当完成向上运动、完成杠上的直臂支撑动作后，练习者在空中交换双腿位置，进行下一组动作循环。

（十一）前后分腿双杠臂屈伸（图2-33）

（1）练习者主动蹬地撑杠，完成杠上的直臂支撑动作。

（2）以右腿在前为例，练习者保持躯干的垂直姿态，右腿伸直前伸，左腿伸直后摆，身体在空中呈前后分腿姿势。

（3）保持上述动作完成双杠臂屈伸的向下运动和向上恢复动作。

（4）当完成向上运动、完成杠上的直臂支撑动作后，练习者在空中交换双腿位置，进行下一组动作循环。

图2-32 弓箭步双杠臂屈伸

图2-33 前后分腿双杠臂屈伸

（十二）左右分腿双杠臂屈伸（图 2-34）

（1）练习者主动蹬地撑杠，完成杠上的直臂支撑动作。

（2）练习者保持躯干的垂直姿态，左右腿伸直外展，左右脚绷脚尖，身体在空中呈左右分腿姿势。

（3）保持上述动作完成双杠臂屈伸的向下运动和向上恢复动作。

（4）当完成向上运动、完成杠上的直臂支撑动作后，练习者在空中两腿并拢，稍事停顿后再次分腿并进行下一组动作循环。

图 2-34　左右分腿双杠臂屈伸

（十三）负重不同姿态双杠臂屈伸

（1）练习者采用背扛、系绑、身穿等方式于肩部、背部、下肢及踝关节负重。

（2）在负重的情况下练习者灵活选用四类动作（间歇双杠臂屈伸、弓箭步双杠臂屈伸、前后分腿双杠臂屈伸、左右分腿双杠臂屈伸）开展练习。

第三节　仰卧举腿

仰卧举腿请扫描以下二维码观看、学习。

视频 4　仰卧举腿

一、考核标准

仰卧举腿是徒手考核的力量类科目,是以考核力量、耐力为目的的考核科目,主要考查被试者腰腹背部(核心部位)的肌肉长时间做功的能力。仰卧举腿的考核一般为双人辅助并交替进行。考核时需要一名保护者(辅助者)采用站立的方式进行辅助、保护和计数。

被试者听到口令的指示,依靠腹部肌肉收缩做功,收缩拉起身体并放下,保护者进行辅助和计数,在规定的时间范围内完成考核所需要的重复收缩拉起放下次数。考核时间一般为 2 min。

二、技术要点

(一) 地面姿势与准备

被试者取仰卧位,面朝上躺于测试场地上,后脑不接触地面;双臂外展,双手拇指和食指轻抓耳垂,双腿主动并拢伸直。保护者站立位于被试者头后方,被试者双手抓握保护者脚踝。

(二) 收缩拉起阶段

当被试者听到指挥员下达的"仰卧起坐准备——开始"口令后,保持双手轻握保护者脚踝、略含下颌、腹肌主动用力收缩将下肢由地面向前上方拉起(图 2-35)。

(三) 有效动作与计数标准

当被试者腹肌收缩将下肢继续拉起超过下肢与躯干在髋关节处 90°垂线,并触碰保护者向前伸出的手掌时,判定仰卧举腿拉起动作有效并计数。

图 2-35 收缩拉起阶段

（四）放松后倒阶段

当被试者完成一个有效拉起后,迅速且有控制性地向后下方松倒下肢,双脚脚跟接近(高于地面 2~5 cm)但不触碰地面,在此阶段继续保持双手轻握保护者脚踝。

（五）连续与重复

当被试者双脚脚跟接近(高于地面 2~5 cm)但不触碰地面时,立即主动用力控制并停止下肢的下落,以"收缩拉起阶段"的各项技术动作开始下一个拉起与后倒动作流程并循环往复。

（六）结束与交换

当被试者听到指挥员下达的"停止"口令后,无论此时自身是否处于拉起或后倒阶段,均主动停止所有动作;双手松开,呈挺身坐姿,双手置于膝关节处;保护者松腿、报数。报数结束后,两人面对面,交换准备动作进行新一轮测试。

三、保护与辅助

考核保护:仰卧举腿考核中,被试者主要依靠自身主动保护,主要保护后脑、后背上部与腰部,避免因猛烈拉起和后倒导致的撞击伤害。保护者在辅助时,可以通过言语提醒和以稳定站姿的方式给予被试者固定支撑,起到间接保护的作用。

练习辅助:保护者可以通过前推练习者下肢的方式被动加大其后倒难度与速度,帮助练习者加强其在后倒时技术动作的应用,增强其自身保护意识,锻炼其腰腹部肌肉在被动拉长时做功的能力。

四、失格动作

（1）被试者在拉起过程中出双腿或单腿未超过下肢与躯干在髋关节处 90°垂线，未触碰保护者向前伸出的手掌或其他表示计数的工具，此类情况视为失格动作。

（2）被试者向后下方松倒下肢时双脚或单脚脚跟触碰地面视为失格动作。

（3）被试者在整个仰卧举腿过程中接受保护者或其他人员的各类帮助完成的动作，视为失格动作。

第四节　三级立定跳远

一、考核标准

三级立定跳远是徒手考核的力量类科目，是以考核爆发力为目的的考核科目，主要考查被试者下肢（大腿前后群）肌肉短时间做功的能力。为保证考核效率，缩短体能考核时间，立定跳远可以采用多人、双人、单人同时考察的形式组织考核与练习。考核时需要一名保护者（辅助者）进行保护，保护方式主要为单人左侧保护。

被试者在听到口令后，主动预蹲，上臂做前后的预摆；当蹲至最深位置且躯干与上肢的预摆达到最适宜时机时，被试者依靠大腿前群肌肉收缩做功，两腿迅速伸直，脚掌用力蹬地向前上方跃起，着地后继续起跳两次，取得有效成绩完成考核流程。保护者在被试者左侧保护。有效得分方式一般为两或多次试跳后取最优成绩。

二、技术要点

（一）准备姿势（图 2-36）

被试者呈立正姿势站于起跳线后；当听到指挥员下达"三级立定跳远——预备"的口令后，被试者双臂主动后摆，收腹提臀；右腿向右侧跨出半步并呈预蹲姿势，双脚之间距离略宽于肩，脚跟离地，脚尖朝向正前方，身体重心逐渐前移，脚尖置于起跳线后。

（二）起跳

当听到指挥员下达的"起跳"口令后，被试者进行全身的预摆动作：双臂积极后摆与前摆（图 2-37），躯干伴随膝关节的屈伸上下运动，双脚脚跟逐渐抬起至最高高度，身体重心逐渐前移并达到支撑的临界点。

双臂前后摆动，当双臂前摆幅度达到最大时，躯干主动前倾，双脚自起跳线后向正前上

图 2-36　准备姿势（摆臂提臀阶段）　　　　图 2-37　起跳前双臂积极后摆

方用力蹬地离地，双腿迅速腾空并主动收膝，团身，大小腿折叠，大腿贴附腹部，双臂自高举位置主动积极后摆。

（三）腾空阶段

被试者在跃起达到最高高度时，完成空中折叠与团身动作。双腿主动完成以下空中动作：保持大腿贴附腹部，膝关节主动并迅速伸直前插，两腿并拢且小腿和脚向正前方用力绷伸。被试者的头颈部主动向下收缩，内收下颌，保持躯干的团身姿态不变。

（四）落地与连续起跳

落地瞬间被试者的双臂已经达到后摆的最大幅度和力度，其躯干随之前倾；双脚落地后主动收膝、团身并向正前方跃出，待双脚接地后，继续完成"起跳—腾空—落地""起跳—腾空—落地"的剩余两个动作阶段后结束。

（五）有效成绩

在规定的有效成绩范围内，用卷尺丈量自起跳线至脚跟最后着地点的距离得出有效成绩。出现多个成绩时以最远距离作为最终成绩。当听到指挥员发出的"停止"口令时立即调整站位呈立正姿势，双手主动上举，双手五指并拢掌心朝向指挥员做收势动作。听到指挥员"归队"口令或其他指示后，自行入队或投入保护工作。

三、保护与辅助

考核保护:采取单人保护,保护者站于被试者左侧,高抬双臂呈保护姿势并伴随被试者起跳、腾空、着地的距离变化而随时移动;当被试者出现动作不稳、摔倒、滑倒等危险情况时,保护者双臂张开自侧面由被试者腋下或腰腹部抱住被试者。

练习辅助:保护者张开双臂辅助练习者进行立定跳远的整体动作。在练习者进行下蹲、起跳、腾空时,保护者可以用动作、言语提示练习者的眼神方向、脚底动作,辅助其完成空中折叠动作,帮助练习者保持和养成良好的空中姿态。

四、失格动作

(1) 被试者在指挥员口令下达时及结束瞬间起跳。

(2) 在指挥员口令下达后,被试者由于各种动作(如滑倒、前倾、摔倒等)导致双脚脚尖或者单脚脚尖越过起跳线。

(3) 被试者落地时,落于有效成绩范围之外。

(4) 被试者落地后,由于各种动作(如滑倒、后倒、摔倒等)导致身体的任意部位反越过起跳线。

(5) 被试者在第一次、第二次或全部两次的落地后未立即起跳,或在第一次、第二次或全部两次的落地过程中出现双脚、单脚滑动、移位等行为,均视为失格动作。

第五节　50 kg 负重卧推

卧推侧向示例和正向示例请扫描以下二维码观看、学习。

视频 5　卧推(侧向示例)　　视频 6　卧推(正向示例)

一、考核标准

负重卧推是航空安全员体能考核中唯一个借助组合器械的力量考核科目,是以考核力量耐力为目的的考核科目,主要考查被试者上肢与躯干(肩带、胸大肌)的肌肉在固定负荷下长时间重复做功的能力。考核的固定负荷为 40 kg。为保证考核效率与安全性,负重卧推考核时需要一至两名保护者(辅助者)进行保护。保护方式主要为单人头上保护与双人杠两侧保护。

被试者仰卧于卧推架上,在听到口令后,主动将杠铃推出承重台,依靠肩带肌群与胸大肌收缩做功,以较慢速度将杠铃下降到胸骨柄上方或颈部上方,随后以较快速度将杠铃推举至最高高度并重复,直至取得有效成绩完成考核流程。保护者在整个卧推过程中参与保护与监控。

二、技术要点

检查两侧杠铃片重量、两侧配重是否统一、杠铃片安装次序、杠铃杆安全程度、承重台磨损程度与安全性、卧推架牢固程度等方面。在完成安全检查后,被试者与保护者就保护口令、保护偏好姿势进行沟通。随后保护者就位,被试者进行准备。

(二) 准备姿势

被试者仰卧于卧推架上,头、双肩、腰臀部、双脚呈五点支撑,五个部位牢固贴附支撑在卧推架或者地面上(图 2-38);被试者全身自然放松,双臂上举,双手以闭锁式握法抓握杠铃杆;双眼直视杠铃杆或者保护者双眼,等待指挥员下达口令。

图 2-38　准备姿势示例

握距是指被试者双手抓握杠铃时两手内侧之间的距离。握距以本人肩宽的 1.25 倍为适宜宽度。杠铃杆上附有两处磨砂区域,握距可以参照磨砂区域进行调整。确定握距的有效办法是被试者在站立时双手自然上举,通过目视或者用皮尺直接测量被试者双手在空中自然打开的间距得出适宜抓握宽度。在卧推的练习中，握距等于肩宽的抓握方法称为窄握距抓握法，握距等于或者超过肩宽1.5倍的抓握方法称为宽握距抓握法，而握距在肩宽的1.25倍左右的抓握方法称作标准握距抓握法。航空安全员的卧推考核科目一般采用标准握距抓握法进行抓握。

（四）提杠出台

当听到指挥员下达的"卧推预备——开始"口令后，被试者主动上推杠铃使其离开承重台，慢速前移至面部上方；全身保持五点支撑，双臂保持伸直；双手手腕主动绷直立腕，将杠铃重量集中在双手大鱼际处并能够有效实施重量传导。

（五）向下运动阶段

被试者双臂用力，使杠铃以较慢的速度下降，当杠铃紧贴至胸骨柄上方或紧贴至颈部上方时，保持静止姿势约0.5 s。在向下运动阶段，被试者利用肱三头肌、三角肌后束的被动拉长产生的肌肉张力控制杠铃下降的速度，当达到紧贴胸骨柄或颈部时，一般可以看到三个90°：第一个为大鱼际和前臂在承重的情况下达到90°；第二个为在向下运动到合适位置时，前臂与上臂在肘关节处成90°（垂直面）；第三个为通过俯视角，上臂与躯干在肩关节处始终保持90°（水平面）（图2-39）。

图2-39　向下运动阶段示例

（六）向上运动阶段

当被试者完成向下运动阶段的各项计数动作和角度要求后，胸大肌主动用力，利用双臂在肘关节处角度的增加逐渐向上方进行肢体和重量的位移，最终在双臂伸直的情况下将杠铃推举至最高位置(图 2-40);此过程中被试者的整个身体仍然保持五点支撑,禁止头颈部过度用力造成头颈部上抬或前移。

图 2-40　向上运动阶段

(七) 有效计数

当被试者能够按照上述要求完成向下运动和向上运动各阶段的运动技术动作并成功将杠铃举起后,可以判定为成功完成卧推推举动作。被试者在成功完成一次卧推推举动作后,禁止将杠铃放回承重台并再次举起卧推,而应该在成功完成后立即进行下一个周期的向下运动与向上推举动作并且循环往复。

(八) 放杠铃

当被试者成功完成卧推要求的次数或者被试者无力继续进行剩余的卧推推举次数时,被试者应当自行或者在保护者的协助下将杠铃放回至承重台。具体动作:被试者保持身体的五点支撑,双臂用力撑住杠铃并稳定后移;在接近承重台时略向上后方推举,在保证双手闭锁式抓握的前提下将杠铃缓慢放置回承重台,当杠铃稳定后方可收回双手至体侧;随后双手撑卧推架坐起并挺直身体,随即向右侧跨步于卧推架右侧,立正站好等待下一步指令。

(九) 结束

当听到指挥员发出的"归队"口令或其他指示后,自行入队或投入保护工作。

三、保护与辅助

（一）单人头上保护

考核保护：保护者协助被试者进行安全检查，检查两侧杠铃片重量及其配重是否统一、杠铃片安装次序、杠铃杆安全程度、承重台磨损程度与安全性、卧推架牢固程度等方面。在完成安全检查后，被试者与保护者就保护口令、保护偏好姿势进行沟通。随后指导被试者就位，保护者进行保护准备。

保护者帮助被试者提铃出台；待被试者稳定后，保护者双手呈交叉握位，双手手背一上一下保证两手掌贴近杠铃但双手不接触杠铃；保护者的双手保护握距应宽于被试者的握距，保护者的双手不应挡住被试者向上的目光；保护者双手在整个卧推过程中保持贴近位置，除危险情况或被试者无力支撑或请求保护等情况之外，保护者双手严禁触碰杠铃；保护者在整个卧推流程中双腿自然屈膝下蹲，呈前后弓箭步或平蹲姿势，腰背部挺直，双眼注视被试者与杠铃甚至卧推架；当卧推结束后，保护者双手接杠铃并提示被试者不要松手，双人共同提杠完成放铃，随后保护者双手稳定置于杠铃杆上的杠铃，直至被试者坐起、起立、离开卧推架后保护者双手才可放下。

练习辅助：在练习者主动要求或发生意外情况、练习者体力不支不足以完成卧推动作时，保护者必须及时提供有效的保护，这时保护者可以根据练习者的要求或情况需要，采取双手交叉握位的保护姿势，双手以闭锁式握法上下握住杠铃，帮助或协助练习者脱离险境。

（二）双人杠两侧保护

考核保护：一名保护者协助被试者进行安全检查，另一名保护者站于杠铃杆一端准备。检查两侧杠铃片重量及其配重是否统一、杠铃片安装次序、杠铃杆安全程度、承重台磨损程度与安全性、卧推架牢固程度等方面。在完成安全检查后，被试者与两名保护者就保护口令、保护偏好姿势进行沟通。随后两名保护者站于杠铃两端就位，保护者指导被试者就位，保护者进行保护准备。

两名保护者帮助被试者提铃出台；待被试者稳定后，保护者双手呈杯托式托举握位，双手食指交叉或两手掌上下垫置呈酒杯杯托状贴近于杠铃但双手不接触杠铃；保护者双手在整个卧推过程中保持贴近位置，除危险情况或被试者无力支撑或请求保护等情况之外，保护者双手严禁触碰杠铃；保护者在整个卧推流程中双腿自然屈膝下蹲，呈平蹲姿势，腰背部挺直，双眼注视被试者与杠铃甚至卧推架；膝关节伴随杠铃的下降与上升做出相应的适宜的屈伸动作；当卧推结束后，保护者双手托杠铃并提示被试者不要松手，三人共同提杠完成放铃工作，随后保护者双手稳定置于杠铃杆上的杠铃，直至被试者坐起、起立、离开卧推架后保护者双手才可放下。

练习辅助：在练习者主动要求或发生意外情况、练习者体力不支不足以完成卧推动作时，保护者必须及时提供有效的保护，这时保护者可以根据练习者的要求或情况需要，采取双手杯托式托举握位握住杠铃，帮助或协助练习者脱离险境。

四、失格动作

（1）被试者未能按照五点支撑的要求进行卧推技术动作：被试者的双脚完全离开地面、双腿屈曲离地、双腿屈曲交叉离地、双腿蜷于腹部、双脚踩于卧推凳（卧推架）而非地面以及其他危险性动作。

（2）被试者未能成功完成杠铃的下降与上升动作：杠铃突然下砸、杠铃至胸部或腹部不能举起、一只手举起杠铃的一端但另一只手未能举起杠铃的另一端、杠铃下降高度不足以形成三个90°的标准、杠铃未能上升至最高高度或被试者的双臂在向上运动阶段在肘关节处未能伸直、杠铃滑手、脱铃、砸铃等。

（3）被试者体力不足以支撑卧推动作和杠铃重量。

（4）在非紧急情况下接受保护者的保护（提铃出台、放铃阶段除外）。

（5）任何能够导致或可能导致被试者、保护者出现伤害或将被试者、保护者置于危险情境的危险动作、言语表达或肢体威胁和干扰。

第六节　100 m 跑

一、考核标准

100 m 跑是徒手考核的速度类科目，是以考核绝对速度为目的的考核科目，主要考查完成给定距离最快速度做功的能力。为保证考核效率，缩短体能考核时间，100 m 跑的考核一般采用多人多道次同时进行的方式，需要保护者（辅助者）进行保护和计时。保护方式主要为被试者的自我保护、同时保证一名或若干名保护者实施场外保护。

被试者在听到预备令的指示后，在起跑线后主动下蹲，采取适宜的起跑准备姿势，当听到启动的指令后，两腿瞬间蹬地由静止位迅速启动、在平跑临近结束时加速冲刺，前冲过终点。保护者进行保护和计时。

二、技术要点

（一）跑前准备

被试者在进入考核道次前主动进行短时间、中高强度的预热，例如做后抬腿、蹲跳、弓箭步等动作，预先拉伸跟腱与大小腿后群肌肉（图 2-41），降低跑动时出现损伤的可能性，提升肌肉的温度与活性。

图 2-41　100 m 跑跑前准备

（二）上道与起跑动作准备

当指挥员下达"上道"口令后,被试者进入个人相应道次并在起跑线后做起跑动作准备。蹲踞式起跑要求配置起跑器,并对起跑技术有一定要求,起跑器在一般的考核中不常使用;半蹲踞式起跑不要求使用起跑器,起跑准备动作较简单,一般为双腿前后开立,双膝弯曲,躯干前倾面向跑道前方,双手可辅助撑地;站立式起跑与半蹲踞式起跑最大的不同在于躯干前倾角度较小,双手不需要辅助撑地。根据考核场地设施条件的具体情况,结合指挥员的具体要求,被试者可选择半蹲踞式起跑或站立式起跑。

（三）起跑与压重心

被试者根据所选取的起跑姿势在起跑线后准备,当指挥员下达"各就位——预备——跑"的口令或鸣枪、鸣哨后,被试者立即起跑。无论选择何种起跑姿势,被试者都应该在起跑的瞬间保持头颈部及躯干的向下主动压地,双臂积极前后摆动,双脚用力蹬地离地,以双脚脚前掌内侧 1/3 或者 1/2 用力蹬地,双腿积极屈伸、前摆、后蹬、折叠、前送。在起跑后的 10 m 内,被试者应当尽量保持身体的低重心,主动压低头颈部,躯干前倾,加大向前送迈腿的幅度,将速度迅速提升至自身最大跑动速度的 80%～90%。

（四）途中跑阶段

在此阶段,被试者应逐渐抬直身体,保持躯干挺直,目视跑道正前方或终点线;双臂加快摆动幅度,双腿在保证步频的前提下继续加大摆动幅度以增加步幅。根据个人习惯,途中跑阶段的距离一般为距起点线 70~80 m。在途中跑阶段的前段即在百米跑的 60 m 之内阶段,个人的速度需要继续保持在个人能力的 80％以上,当接近途中跑结束阶段衔接冲刺跑阶段时,个人速度要尽可能地提升,提升至全力甚至超水平提升。

(五) 冲刺跑阶段

在途中跑的最后阶段,被试者的速度已经达到甚至超过了其最好水平,而在离终点最后 10 m 左右距离即冲刺跑阶段,被试者仅需要尽可能保持已有的速度和技术动作节奏。

(六) 撞线

在即将完成百米跑、接近终点的瞬间,被试者需要主动降低重心,头颈部与躯干前倾前冲,手臂用力前伸,腿用力向前探出,以力求身体任一部位在最短的时间内完成有效撞线。

(七) 放松跑与制动、调整呼吸

放松跑是在完成撞线后,被试者凭借跑动的惯性继续向前冲出,逐渐主动控制身体进行减速并最终由跑过渡为快走、慢走、放松跺步直至最终停止,这种放松跑的时间和过程应尽可能长,直至被试者呼吸调整顺畅、无不适感即可停止,此时可自觉归队或承担保护任务。严禁被试者在结束撞线后出现主动栽倒、就地坐下、下蹲、趴下、躺倒等危险性停止动作及立即喝水等行为,避免因不同强度运动交替作用导致心肺功能紊乱甚至导致运动伤害的发生。

三、保护与辅助

考核保护:①被试者的自我保护。被试者的自我保护主要是指在起跑、加速、撞线过程中被试者对自身进行的保护。在 100 m 跑前,被试者需要进行足够的准备工作,牢记在发生意外甚至倒地时,应重点实施双手主动抱后颈后脑、侧滚着地等自我保护动作;被试者应穿适宜的服装参与考核与训练,着合适的运动鞋或跑鞋跑动;禁止在跑动中突然停止、后退、窜道。②场外保护。在对被试者进行自我保护教育的同时,保证一名或若干名保护者实施场外保护:在考核前清理和打扫跑道异物;巡视和监控跑道及周围环境设施,防止突然出现行人或其他侵入者;在休息区域安排保护人员,协助紧急救护。

练习辅助:保护者通过声音、动作等对练习者实施干扰训练和积极引导。

四、失格行为

(1) 被试者在指挥员发出的"各就位——预备——跑"口令下达完成之前擅自起跑。

(2) 被试者在指挥员发出的"各就位——预备——跑"口令下达完成之前身体的任意部位主动或者被动、有意或者无意越过起跑线。

(3) 被试者在跑动过程中主动或者被动、有意或者无意发生窜道行为。

(4) 被试者在合理越过起跑线但未达到终点线过程中,擅自终止跑动、后退行进、发生窜道行为。

(5) 被试者未能以跑动方式完成 100 m 跑(合理越过起跑线但未达到终点线)且在行进途中擅自终止跑动、后退行进、发生窜道行为。

第七节　5×25 m 折返跑

一、考核标准

5×25 m 折返跑是徒手考核的速度类科目,是以考核灵敏协调和加减速能力为目的的考核科目,主要考查完成给定距离最快速度进行重复冲刺做功的能力。为保证考核效率,缩短体能考核时间,5×25 m 折返跑的考核一般采用多人多道次同时进行的方式,需要一名保护者(辅助者)进行保护和计时。保护方式主要为被试者的自我保护、同时保证一名或若干名保护者实施场外保护。

被试者在听到预备令的指示后,在起跑线后主动下蹲,采取适宜的起跑准备姿势,当听到启动的指令后,两腿瞬间蹬地由静止位迅速启动;在分别接近 5 m、10 m、15 m、20 m、25 m 信号锥前主动制动并用单手手指触摸信号锥;触摸的同时下肢积极扭转,带动躯干转体并继续加速跑至起跑线并触摸起跑线。保护者进行保护和计时。

二、技术要点

(一) 跑前准备

被试者在进入考核道次前主动进行短时间、中高强度的预热,例如做后抬腿、蹲跳、弓箭步等动作,预先拉伸跟腱与大小腿后群肌肉,降低跑动时出现损伤的可能性,提升肌肉的温度与活性。

(二) 上道与起跑动作准备

当指挥员下达"上道"口令后,被试者进入个人相应道次并在起跑线后做起跑动作准备。半蹲踞式起跑准备动作较简单,一般为双腿前后开立,双膝弯曲,躯干前倾面向跑道前方,双手可辅助撑地;站立式起跑与半蹲踞式起跑最大的不同在于躯干前倾角度较小,双手不需要辅助撑地。根据考核场地设施条件的具体情况,结合指挥员的具体要求,被试者可选择半蹲踞式起跑或站立式起跑。

（三）起跑与压重心

被试者根据所选取的起跑姿势在起跑线后准备，当指挥员下达"各就位——预备——跑"的口令或鸣枪、鸣哨后，被试者立即起跑。无论选择何种起跑姿势，被试者都应该在起跑的瞬间保持头颈部及躯干的向下主动压地，双臂积极前后摆动，双脚用力蹬地离地，以双脚脚前掌内侧 1/3 或者 1/2 用力蹬地，双腿积极屈伸、前摆、后蹬、折叠、前送。在起跑后的 10 m 内，被试者的双腿完成积极的前迈步，尽可能减少双腿的换腿频率，增大步幅，迅速提升速度至最大跑动速度的 80%～90%。

（四）有效接触

有效接触是指被试者在冲刺跑动后，主动用单手手指触碰信号锥、起跑线，并使信号锥或者其他信号标志物保持原有位置，不发生位移。有效接触包括折返跑起点和 5 m、10 m、15 m、20 m、25 m 终点两侧信号锥的有效触碰，在一个来回中完成两次的有效触碰才判定本来回接触有效进而判定这个来回折返跑有效。

（五）制动与转身

在 5×25 m 折返跑的实际操作中，被试者很少有在接触信号锥前就减速的运动行为，大多数被试者在触碰信号锥后，往往伴随身体向前运动的惯性继续向前发生位移，且需要较大的努力才可完成迅速制动、转身并回跑。这样的技术不仅增加了无效时间，同时增加了被试者的无效移动距离。

在进行 5×25 m 折返跑考核时，被试者在冲刺跑运动过程中需要提前计算跑动步数，接近信号锥前需要主动跨大步制动，身体主动伴随运动惯性前探，伸直单臂和手指完成触碰。制动与触碰（有效接触）同时完成。

在有效接触结束瞬间，被试者的下肢应主动扭转，变前期的摆动腿为支撑腿，髋关节积极转动、双腿积极反转、双脚以脚尖着地积极扭转，带动躯干和上臂的回转。在此过程中，提升转动和躯干稳定的重要因素在于保证下肢的有效屈曲，不可在转动中主动或被动上抬身体，保证低姿转动的同时也增加了回跑动作发生前的起跑加速度。

（六）回跑与有效触碰

当结束"制动与转身"环节后，即迅速回跑并继续有效触碰后续的信号锥，具体回跑动作和有效接触动作分别同"起跑与压重心"和"有效接触"中相关技术动作要求，本部分不再赘述。

（七）撞线

完成 25 处信号锥触碰，并转身折返跑回，在接近终点的瞬间，被试者需要主动降低重心,头颈部与躯干前倾前冲,手臂用力前伸,腿用力向前探出,以力求身体任一部位在最短的时间内完成有效撞线。

(八) 放松跑与制动、调整呼吸

放松跑是在完成撞线后,被试者凭借跑动的惯性继续向前冲出,逐渐主动控制身体进行减速并最终由跑过渡为快走、慢走、放松踱步直至最终停止,这种放松跑的时间和过程应尽可能长,直至被试者呼吸调整顺畅、无不适感即可停止,此时可自觉归队或承担保护任务。严禁被试者在结束撞线后出现主动栽倒、就地坐下、下蹲、趴下、躺倒等危险性停止动作或立即喝水等行为,避免因不同强度运动交替作用导致心肺功能紊乱甚至导致运动伤害的发生。

三、保护与辅助

考核保护:①被试者的自我保护。被试者的自我保护主要是指在起跑、加速、有效接触、制动与转身和撞线过程中被试者对自身进行的保护。在进行 5×25 m 折返跑前,被试者需要进行足够的准备工作,牢记在发生意外甚至倒地时,应重点实施双手主动抱后颈后脑、侧滚着地等自我保护动作;在制动与转身过程中,主动降低重心或保持低姿态行进姿势,避免因突然上抬躯干造成的转身倒地等意外发生;被试者应穿适宜的服装参与考核,着合适的运动鞋或跑鞋跑动;禁止在跑动中突然停止、后退、窜道。②场外保护。在对被试者进行自我保护教育的同时,保证一名或若干名保护者实施场外保护:在考核前清理和打扫跑道异物;巡视和监控跑道及周围环境设施,防止突然出现行人或其他侵入者;在休息区域安排保护人员,协助紧急救护。

练习辅助:保护者通过声音、动作等对练习者实施干扰训练和积极引导。

四、失格行为

(1) 被试者在指挥员发出的"各就位——预备——跑"口令下达完成之前擅自起跑。

(2) 被试者在指挥员发出的"各就位——预备——跑"口令下达完成之前身体的任意部位主动或者被动、有意或者无意越过起跑线。

(3) 被试者在跑动过程中主动或者被动、有意或者无意发生窜道行为。

(4) 被试者在合理越过起跑线但未达到终点线过程中,擅自终止跑动、后退行进、发生窜道行为。

(5) 被试者未能以跑动方式完成 5×25 m 折返跑(合理越过起跑线但未达到终点线)且在行进途中擅自终止跑动、后退行进、发生窜道行为。

(6) 被试者在一个来回的跑动中,未使用单手手指完成对信号锥、起跑线或者其他信号标志物的有效触碰;被试者擅自将标志物移位、碰倒且未能归位;被试者未触碰标志物;被试者用除手指以外的身体部分触碰标志物。

第八节 3000 m 耐力跑

一、考核标准

3000 m 耐力跑是徒手考核的长距离耐力类科目,是以考核被试者长时间耐力和心肺运动机能为目的的考核科目,主要考查练习者在给定距离内长时间重复做功的能力。为保证考核效率,缩短体能考核时间,3000 m 耐力跑的考核一般采用多人同时起跑、抢道跑动的方式,需要一名保护者(辅助者)进行保护和计时。保护方式主要为被试者的自我保护、同时保证一名或若干名保护者实施场外保护。

被试者在听到预备令的指示后,在起跑线后主动预蹲,采取适宜的起跑准备姿势,当听到启动的指令后,两腿瞬间蹬地由静止位迅速启动;在完成第一个 500 m 距离后达到自身最大跑动速度的 70% 并在第二个至第四个 500 m 完成过程中保持;在第五个 500 m 开始时加速并提升至自身最大跑动速度的 80% 并保持;在最后一个 500 m 开始时再次加速,至最后 100 m 前加速至自身现有最大能力的 80% 并保持,在最后 50 m 处完成最后一次加速并保持直至撞线结束跑动。保护者进行保护和计时。

二、技术要点

(一)跑前准备

被试者在进入考核道次前主动进行短时间、中高强度的预热,例如做后抬腿、蹲跳、弓箭步、后背与前胸积极拍打等动作(图 2-42),预先拉伸跟腱与大小腿后群肌肉,降低跑动时出现损伤的可能性,提升肌肉的温度与活性。

(二)上道与起跑动作准备

当指挥员下达"上道"口令后,被试者在起跑线按顺序排好或自行进入相应道次并做起跑动作准备。根据考核场地设施条件的具体情况,结合指挥员的具体要求,被试者选择站立式起跑。站立式起跑动作同前文介绍,本部分不再赘述。

(三)起跑至第一个 500 m 结束

被试者以站立式起跑姿势在起跑线后准备,当指挥员下达"各就位——预备——跑"的口令或鸣枪、鸣哨后,被试者立即起跑。被试者可采用较为舒展的姿态进行起跑,逐渐提升跑动速度,在通过抢道线后主动积极地向内并道并占据有利道次,根据个人能力加入不同

图 2-42　3000 m 耐力跑跑前准备

跑动集团之中;在第一个 500 m 距离结束后达到自身最大跑动速度的 70%。

(四) 途中跑阶段

此阶段即第二个 500 m 开始至第四个 500 m 结束,被试者应保持躯干挺直,目视跑道正前方或前方其他被试者后脑勺;双臂加快摆动频率,双腿在保证步频的前提下继续加快摆动频率以增加步幅;在途中跑阶段,被试者需要积极调整并适应个人的呼吸频率,平衡呼气、吐气与脚步之间的比率,一般的比率是"两步一吐气、两步一吸气";个人的速度继续提升直至平稳保持在自身最大跑动速度的 70% 及以上,当途中跑阶段快要结束逐步进入加速阶段时,个人需要做好再次提升速度的准备。

一般而言,在第二个 500 m 即将结束时,被试者往往能够达到自身运动的"极点",被试者(尤其是长期缺乏长距离耐力训练者)会感到呼吸急促、肢体乏力、下肢晃动甚至大脑空白,这都是机体在适应"极点"、突破现有运动限度过程中的正常反应。若能够以顽强的意志保持当前的运动强度,被试者就能够较快地突破"极点"带来的身体与精神的不适感,使运动能力得以提升,运动感觉会由不适逐渐转为适应和积极接受。

(五)加速阶段

加速阶段(最后一个 500 m 开始至最后 100 m 开始前),虽然被试者早已通过了"极点",但是机体在长距离耐力做功所产生的代谢产物堆积(血乳酸为主)的情况下会导致下肢酸胀、疼痛甚至关节活动受限。在此阶段,被试者仍然需要依靠身体的潜力和坚强的意志,完成速度的提升,在本阶段结束前将跑动速度提升至自身现有最大能力的 80% 并积极保持。

(六)冲刺跑阶段

在加速阶段,被试者的速度已经达到甚至在可能的情况下超过了其最高水平(达到自身现有最大跑动速度的 80%)。与短距离不同,在最后的 100 m,被试者仍然需要做最后一次加速的准备,倒数第二个 50 m 跑动的身体运动是为最后 50 m 能够进行加速和冲刺进行有效"募集";而在最后的 50 m,被试者以剩余的所有能力进行冲刺跑,被试者需要尽可能保持最快的速度和动作节奏以完成最后的加速过程。

(七)撞线

在即将完成 3000 m 耐力跑、接近终点的时候,被试者需要主动降低重心,头颈部与躯干前倾前冲,手臂用力前伸,腿用力向前探出,以保证任一身体部位在最短的时间内完成有效撞线。

(八)放松跑与制动、调整呼吸

放松跑是在完成撞线后,被试者凭借跑动的惯性继续向前冲出,逐渐主动控制身体进行减速并最终由跑过渡为快走、慢走、放松踱步直至最终停止,这种放松跑的时间和过程应尽可能长,直至被试者呼吸调整顺畅、无不适感即可停止,此时可自觉归队或承担保护任务。严禁被试者在结束撞线后出现主动栽倒、就地坐下、下蹲、趴下、躺倒等危险性停止动作或立即喝水等行为,避免因不同强度运动交替作用导致心肺功能紊乱甚至导致运动伤害的发生。

三、保护与辅助

考核保护:①被试者的自我保护。被试者的自我保护主要是指在起跑、加速、撞线过程中被试者对自身进行的保护。在进行 3000 m 耐力跑前,被试者需要进行充分的准备工作,牢记在发生意外甚至倒地时,应重点实施双手主动抱后颈后脑、侧滚着地等自我保护动作;

被试者应穿适宜的服装参与考核与训练,着合适的运动鞋或跑鞋跑动;禁止在跑动中突然停止、后退、窜道。②场外保护。在对被试者进行自我保护教育的同时,保证一名或若干名保护者实施场外保护:在考核前清理和打扫跑道异物;巡视和监控跑道及周围环境设施,防止突然出现行人或其他侵入者;在休息区域安排保护人员,协助紧急救护。

练习辅助:保护者通过声音、动作等对练习者实施干扰训练和积极引导。

四、失格行为

(1)被试者在指挥员发出的"各就位——预备——跑"口令下达完成之前擅自起跑。

(2)被试者在指挥员发出的"各就位——预备——跑"口令下达完成之前身体的任意部位主动或者被动、有意或者无意越过起跑线。

(3)被试者在合理越过起跑线但未达到终点线的过程中擅自终止跑动、后退行进。

(4)被试者未能以跑动方式完成3000 m耐力跑(合理越过起跑线但未达到终点线)且在行进途中擅自终止跑动、后退行进。

(5)被试者在跑动过程中出现离开规定跑动区域并进入非考核区域(除跑道外的所有区域),包括运动场内场、落水沟、跑道内缘。

(6)被试者在跑动过程中发生违反公平竞争行为,采取偷绕小圈、藏匿以减少跑动圈数等擅自缩短跑动距离的行为。

(7)被试者在跑动过程中因身体原因未能独立完成跑动距离。

(8)被试者在跑动过程中主动或被动做出伤害或存在潜在伤害威胁的针对被试者本身或其他被试人员的言语、行为举动。

五、针对性训练

3000 m耐力跑被普遍认为是航空安全员、空中警察体能考核中难度最大的测试科目,但是3000 m耐力跑成绩提高的方法最为简单,只需要每天坚持完成3000~5000 m的有氧慢跑(心率达140次/分)或中速跑,被试者的能力就会有明显改善;被试者的心肺功能能够得到最为有效的锻炼;长距离有氧慢跑同时可以提高肌肉长时间工作的耐受能力,减少脂肪,减轻体重;使机体的代谢循环功能得到改善,长距离有氧慢跑可以提高血液代谢废物的能力,增强机体功能。

除了采用长距离有氧慢跑、计时长跑之外,3000 m耐力跑在考核中也具有一定的技术要求和战术规划。因此在日常训练中也应在跑步中增加一些跑动技战术练习。

首先,要求被试者固定呼吸频率,具体做法可以参照双臂前后摆动的速度,双臂每交替摆动一次的同时,完成一次的吐气或吸气;其次,要求呼吸动作正确,采用鼻吸气、嘴吐气的呼吸方式。呼吸频率高但不局促;再次,在集体练习或比赛中,学会使用跟跑战术,选择速度稍快于自己的对手,在初始的2500 m始终采用跟随跑,控制变速次数与时机,节约体能。在最后500 m或最后两圈主动加速,甩开领跑者,采用持续加速的跑法,冲刺至终点。

为丰富3000 m耐力跑科目的练习内容,降低机体受伤风险,练习者可以使用组合器械完成长距离的跑动,例如使用电动跑台、功率自行车、椭圆机等组合器械进行相关能力的训练。

第九节　深蹲起立、三级立定跳远、100 m 跑、折返跑等科目的针对性训练

在深蹲起立、三级立定跳远、100 m 跑、折返跑四个考核科目中，除第一项深蹲起立考查力量耐力之外，其余三项科目均为速度与爆发力的考核科目。虽然四项科目的考查重点不同，运动表现各有特点，但是四项科目均以下肢运动为主要运动形式和力量传导方式。因此，选取具有代表性的下肢运动练习科目组织训练，既能够满足提升上述四项科目考核成绩的需要，又能够节省训练资源，提高训练效率。基于此，本节选取部分下肢运动训练方法（以徒手训练为主，按照运动形式分为蹲、跳、跑三类）作为四项考核科目的针对性训练手段。

一、蹲的练习

（一）静蹲（图 2-43）

(1) 练习者原地立正站好，双手交叉抱于后脑，挺胸抬头，收腹提臀，双腿自然分开。

(2) 练习者保持现有姿势，双腿屈曲下蹲至 90°。

(3) 保持现有动作直至达到一定时间或至力竭，恢复立正姿势。

（二）分腿静蹲（图 2-44）

(1) 练习者原地立正站好，双手交叉抱于后脑，挺胸抬头，收腹提臀，双腿自然分开。

(2) 练习者保持现有姿势，双脚各向两侧打开至最大限度，双脚外展，双腿屈曲下蹲至 90°。

(3) 保持现有动作直至达到一定时间或至力竭，恢复立正姿势。

图 2-43　静蹲

（三）相扑式静蹲（图 2-45）

(1) 练习者原地立正站好，双手交叉抱于后脑，挺胸抬头，收腹提臀，双腿自然分开。

(2) 练习者保持现有姿势，双脚以前脚掌内侧着地，脚跟抬起，双腿屈曲下蹲至 90°。

(3) 保持现有动作直至达到一定时间或至力竭，恢复立正姿势。

图 2-44　分腿静蹲　　　　　　　　　图 2-45　相扑式静蹲

（四）弓箭步静蹲（图 2-46）

（1）练习者原地立正站好，双手交叉抱于后脑，挺胸抬头，收腹提臀，双腿自然分开。

（2）以左腿在前为例，练习者保持现有姿势，左腿屈膝向前迈出，右腿屈膝后摆呈弓箭步姿势，双腿屈曲下蹲至 90°。

（3）保持现有动作直至达到一定时间或至力竭，随即右腿向前迈步，两腿交替完成弓箭步姿势并保持静蹲。

图 2-46　弓箭步静蹲

(4) 当第二次换腿保持弓箭步动作直至达到一定时间或至力竭后,恢复立正姿势。

(五) 并腿静蹲

(1) 练习者原地立正站好,双手交叉抱于后脑,挺胸抬头,收腹提臀,双腿并拢。
(2) 练习者保持现有姿势,双腿屈曲下蹲至 90°(脚跟不可离地)。
(3) 保持现有动作直至满足一定时间或至力竭,恢复立正姿势。

(六) 负重静蹲

(1) 练习者以背扛、系绑、身穿等方式于肩部、背部、下肢及踝关节负重。
(2) 练习者灵活选用以上五种训练方法(静蹲、分腿静蹲、相扑式静蹲、弓箭步静蹲、并腿静蹲)进行负重静蹲。

(七) 动力性蹲起或动力性负重蹲起

(1) 练习者以动力性方式完成蹲起。
(2) 练习者灵活选用以上前五种训练方法(静蹲、分腿静蹲、相扑式静蹲、弓箭步静蹲、并腿静蹲)完成动力性蹲起或负重动力性蹲起。

二、跳的练习

(一) 原地纵跳

(1) 练习者原地立正站好,双手交叉抱于后脑,挺胸抬头,收腹提臀,双腿并拢。
(2) 练习者保持现有姿势,原地用力向正上方跃起。
(3) 屈膝缓冲落地,恢复至立正姿势。
(4) 开始下一个动作循环。

(二) 原地外摆纵跳

(1) 练习者原地立正站好,双手交叉抱于后脑,挺胸抬头,收腹提臀,双腿并拢。
(2) 练习者保持现有姿势,原地用力向正上方跃起,空中双腿主动向两侧外摆。
(3) 双腿回收,屈膝缓冲落地,恢复至立正姿势。
(4) 开始下一个动作循环。

(三) 原地分腿纵跳(图 2-47)

(1) 练习者原地立正站好,双手交叉抱于后脑,挺胸抬头,收腹提臀,双腿并拢。

(2) 练习者保持现有姿势,原地用力向正上方跃起,空中双腿主动向前后伸出和后摆。

(3) 双腿回收,屈膝缓冲落地,恢复至立正姿势。

(4) 开始下一个动作循环(左右腿在空中的位置可按动作前后交替)。

(四)弓箭步纵跳

(1) 练习者原地立正站好,双手交叉抱于后脑,挺胸抬头,收腹提臀,双腿自然分开。

(2) 以左腿在前动作开始为例,练习者保持现有姿势,左腿屈膝向前迈出,右腿屈膝后摆呈弓箭步姿势,双腿屈曲下蹲至90°。

(3) 当双腿屈曲达到90°后,双脚积极蹬地,身体跃起,在空中完成左右腿弓箭步交换并离地。

(4) 开始下一个动作循环(左右腿的起始动作可按顺序交替)。

三、跑的练习

(一)高抬腿跑(图2-48)

(1) 练习者双手自然下垂至裤缝线处,挺胸抬头,收腹提臀,双腿自然站立。

(2) 练习者双腿主动交替屈膝抬起,双手拍打膝关节处。

(3) 伴随加快的信号节奏逐渐加快双腿抬起和双手拍打的频率。

(4) 可以完成向不同方向的跑动行进或在原地完成高抬腿动作。

图 2-47 原地分腿纵跳

图 2-48 高抬腿跑

(二)后蹬跑

后蹬跑请扫描以下二维码观看、学习。

视频 7 后蹬跑

(1)练习者双手自然下垂至裤缝线处,挺胸抬头,收腹提臀,双腿自然站立。

(2)练习者开始自然前行,双腿用前脚掌用力蹬地,双臂积极前后大幅度摆动,身体向前运动腾空。

(3)在空中交替双腿,前腿(支撑腿)在空中提前做好屈膝蹬地准备。

(4)支撑腿着地,用脚前掌用力蹬地,摆动腿不着地并在空中完成前摆,双臂积极地前后大幅度摆动。

(5)身体再一次腾空,此时双腿已完成前后交替。

(6)开始下一个循环的蹬地、腾空、交替程序。

(三)跨步跑

(1)练习者双手自然下垂至裤缝线处,挺胸抬头,收腹提臀,双腿自然站立。

(2)练习者开始自然前行,双腿用前脚掌用力蹬地,双臂积极地前后大幅度摆动,身体向前运动腾空。

(3)在空中交替双腿,前腿(支撑腿)在空中伸膝前送,前脚做好蹬地准备。

(4)支撑腿全脚着地,立即过渡到用后脚掌用力蹬地,摆动腿不着地并在空中完成摆动前伸,双臂积极地前后大幅度摆动。

(5)身体再一次腾空,此时双腿已完成前后交替。

(6)开始下一个循环的蹬地、腾空、交替程序。

第十节 仰卧举腿、卧推等科目的针对性训练

仰卧举腿科目属于力量耐力考核(固定时间 2 min 内完成相应次数),考查的目标肌群是人体躯干的中部与下部肌群,主要参与运动的肌肉有表层的腹直肌、腹外斜肌、腹内斜肌、背阔肌等,以及深层肌肉例如髂腰肌、竖脊肌等。

卧推科目同属于力量耐力考核(固定重量 40 kg 完成相应次数),考查的目标肌群是胸大肌、三角肌等。

虽然两个考核科目考察的肌群位置分布不一,考查动作结构不同,但是两个科目的主要肌群均分布在躯干上,包括解剖学的正面、背面以及侧面。在现代体能训练理论中,这样

的位置已经构成了核心部位,特指从颈部至腰部的躯干立体位置。

在教学训练实践中,虽然通过练习以上两类运动能够起到锻炼相应部位的能力,但是鉴于教学训练的时间与人力资源分配,采用核心训练的方法能够同时起到锻炼两项科目主要肌群的作用,能够更集约化地提高训练效率,提升训练品质,从而提高两项考核科目的动作完成质量和考核通过率。

一、以徒手、实心球或哑铃为主的训练

(一)俯卧手撑(图2-49)

练习技术:双臂伸直与肩同宽,双腿并拢,以双手掌、双足脚尖撑地,呈俯卧姿势。

动作要领:颈、背、腰、臀呈一条直线,可抬头向前平视。

图2-49　俯卧手撑

(二)俯卧双臂前伸手撑

练习技术:双臂伸直与肩同宽,双腿并拢。以双手掌、双足脚尖撑地,呈俯卧姿势。双臂向前方缓慢伸出,呈双臂前撑姿位。

动作要领:颈、背、腰、臀呈一条直线,可抬头向前平视。

(三)双臂前后交叉俯卧手撑(图2-50)

练习技术:双臂伸直与肩同宽,双腿并拢。双手掌、双足脚尖撑地,呈俯卧姿势。双臂向前后方缓慢伸出,呈双臂交叉支撑姿位。

动作要领:颈、背、腰、臀呈一条直线,可抬头向前平视。注意后撑的手臂肘关节与腕关节的姿位,避免肘关节过伸。

图 2-50　双臂前后交叉俯卧手撑

(四) 双臂外展俯卧手撑 (图 2-51)

练习技术：双腿并拢。双手掌、双足脚尖撑地，呈俯卧姿势。双臂向外展缓慢向体侧伸出，呈外展俯卧姿位。

动作要领：注意双臂肘关节与腕关节的姿位，外展幅度量力而为，避免肘关节过伸。

图 2-51　双臂外展俯卧手撑

(五) 单脚单手超人 (图 2-52)

练习技术：双臂伸直与肩同宽，双腿并拢。双手掌、双足脚尖撑地，呈俯卧姿势。抬起一侧手臂与异侧腿至水平位置，保持该姿位。

动作要领：手腕、肘、颈、背、腰、臀呈一条直线，可抬头向前平视。

图 2-52　单脚单手超人

（六）单脚双肘撑（图 2-53）

练习技术：双臂屈肘与肩同宽，双腿并拢。以双肘、单足脚尖撑地，呈俯卧姿势。抬起一侧腿至水平位置，保持该姿位。

动作要领：颈、背、腰、臀、大小腿呈一条直线，可抬头向前平视。

图 2-53　单脚双肘撑

（七）单手单脚肘撑超人

练习技术：双臂屈肘与肩同宽，双腿并拢呈俯卧姿势。抬起一侧手臂与对侧腿至水平位置，保持该姿位。

动作要领：手腕、肘、颈、背、腰、臀呈一条直线，可抬头向前平视。

（八）肘撑屈膝团身（图 2-54）

练习技术：双臂屈肘与肩同宽，双腿屈膝以足尖为支撑，收腹团身。膝盖与地面保持 1 cm 距离。

动作要领：低头收腹缩臀，保证膝盖与地面距离。

图 2-54　肘撑屈膝团身

(九) 单肘侧撑(图 2-55)

练习技术：侧卧,以单侧肘部及其同侧踝关节为支点,向上抬起身体。
动作要领：躯干核心部位主动上抬,双腿并拢夹紧。

图 2-55　单肘侧撑

(十) "X"形肘撑(图 2-56)

练习技术：侧卧,以同侧肘和踝关节为支点,向上抬起身体。对侧手臂向上伸出,对侧腿主动抬高,身体呈"X"形。
动作要领：对侧手臂、对侧腿主动抬高,以提高躯干稳定的难度。

图 2-56 "X"形肘撑

(十一) "X"形肘撑大腿屈伸（图 2-57）

练习技术：侧卧，以同侧肘和踝关节为支点，向上抬起身体。对侧手臂向上伸出，对侧腿主动抬高，身体呈"X"形。抬高腿向身体前后做缓慢大幅度的屈伸运动。

动作要领：减缓屈伸腿的速度，增加屈伸的活动范围以提高躯干稳定的难度。

图 2-57 "X"形肘撑大腿屈伸

（十二）手撑大腿外展内收与屈伸（图 2-58）

练习技术：侧卧，以同侧手和踝关节为支点，向上抬起身体。对侧手臂向上伸出，对侧腿主动抬高，身体呈"X"形。抬高腿向身体两侧做缓慢大幅度的外展和内收运动，向躯干前后做屈伸运动。

动作要领：减缓抬高腿的动作速度，增加活动范围以提高躯干稳定的难度。

图 2-58 手撑大腿外展内收与屈伸

（十三）仰卧挺身（图 2-59）

练习技术：仰卧于垫上，双臂自然外展，双腿屈膝并拢。以肩胛骨及双脚为支点，髋关节主动上抬并保持该姿位。

动作要领：逐渐减少双臂外展幅度以提高躯干稳定的难度。

（十四）仰卧单脚挺身（图 2-60）

练习技术：仰卧于垫上，双臂自然外展，双腿屈膝并拢。以肩胛骨及单脚为支点，髋关节主动上抬，一侧腿上抬并与躯干成一直线，保持该姿位。

动作要领：逐渐减少双臂外展幅度，加大抬起腿的高度以提高躯干稳定的难度。

（十五）仰卧肘撑（图 2-61）

练习技术：仰卧于垫上，双臂屈肘与肩同宽，双腿伸直并拢。以双肘及双脚为支点，髋关节主动上抬并保持该姿位。

图 2-59 仰卧挺身

（注：为更好地展示动作，图中垫子隐去，下同）

图 2-60 仰卧单脚挺身

动作要领：颈部后伸与躯干保持同一直线。

图 2-61 仰卧肘撑

（十六）单脚仰卧肘撑顶腰

练习技术：仰卧于垫上，双臂屈肘与肩同宽，双腿伸直并拢。抬起一侧腿，以双肘及单脚为支点，髋关节主动上抬。

动作要领：髋部上抬时以脚跟为支点，增加上抬的幅度。

（十七）单脚仰卧肘撑（图 2-62）

练习技术：仰卧于垫上，双臂屈肘与肩同宽，双腿伸直并拢。抬起一侧腿，以双肘及单脚为支点，髋关节主动上抬并保持该姿位。

动作要领：颈部后伸，单腿抬起，另一侧腿与躯干及颈部保持直线。

图 2-62　单脚仰卧肘撑

（十八）侧卧肘撑顶腰

练习技术：侧卧于垫上，双腿并拢伸直，以单侧肘、踝关节为支点呈侧撑姿势。髋关节主动上抬。

动作要领：髋部上抬与下降过程中，头部始终与躯干保持同一直线。

（十九）侧卧单肘单脚顶腰

练习技术：侧卧于垫上，抬起一侧腿。以单侧肘、单侧踝关节为支点呈侧撑姿势。髋关节主动上抬。

动作要领：髋部上抬与下降过程中，头部始终与躯干保持同一直线，增加抬起腿的幅度以提高躯干稳定的难度。

（二十）俯卧双肘单腿屈伸（图 2-63）

练习技术：双臂屈肘与肩同宽，以双肘单脚为支点俯撑于垫上。另一腿折叠，在保持该姿位的前提下单支撑腿做上下屈伸。

动作要领：要求单支撑腿达到屈伸的最大幅度，小腿伸时膝关节没有弯曲，小腿屈时膝关节不接触垫面。

图 2-63　俯卧双肘单腿屈伸

（二十一）俯卧超人四肢交换（图 2-64）

练习技术：双臂与肩同宽，双腿并拢屈膝，以双手、双膝为支点俯撑于垫上。异侧手臂与腿交换做超人动作。

动作要领：腰背部保持水平以检验动作的稳定程度。

图 2-64　俯卧超人四肢交换

（二十二）仰卧单脚踩球顶髋（图 2-65）

练习技术：以单脚、肩胛骨为支点仰卧于垫上，单腿折叠抬起，保持该姿位。支撑脚踩在实心球上做出向上顶髋的动作并保持一定时间。

动作要领：提高抬起腿的高度并加大活动范围以增加保持稳定的难度。

图 2-65　仰卧单脚踩球顶髋

（二十三）仰卧单脚踩球连续顶髋

练习技术：以单脚、肩胛骨为支点仰卧于垫上，单腿折叠抬起，保持该姿位。支撑脚踩在实心球上连续做出向上顶髋的动作。

动作要领：提高抬起腿的高度并加大活动范围以增加保持稳定的难度。

（二十四）抱胸仰卧单脚踩球连续顶髋（图 2-66）

练习技术：以单脚、肩胛骨为支点仰卧于垫上，单腿折叠抬起，双手抱胸并保持该姿位。支撑脚踩在实心球上连续做出向上顶髋的动作。

动作要领：提高抬起腿的高度并加大活动范围以增加保持稳定的难度。

（二十五）抱胸仰卧双脚踩球连续顶髋（图 2-67）

练习技术：以双脚、肩胛骨为支点仰卧于垫上，双手抱胸并保持该姿位。双脚踩在实心球上连续做出向上顶髋的动作。

动作要领：双臂抱胸以增加躯干保持稳定的难度。

（二十六）仰卧双脚踩球连续顶髋（图 2-68）

练习技术：以双脚、肩胛骨为支点仰卧于垫上，双脚踩在球上连续做出向上顶髋的动作。

动作要领：顶髋的过程伴随着臀大肌的主动收缩，双臂水平外展以保持躯干的稳定。

图 2-66 抱胸仰卧单脚踩球连续顶髋

图 2-67 抱胸仰卧双脚踩球连续顶髋

图 2-68 仰卧双脚踩球连续顶髋

（二十七）持球俯卧手撑（图 2-69）

练习技术：两臂伸直，双手持球，双腿伸直并拢，躯干保持正直，并保持该姿位。

动作要领：缩短两手间的距离以增加保持稳定的难度。

图 2-69　持球俯卧手撑

（二十八）单脚持球手撑（图 2-70）

练习技术：两臂伸直，双手一手持球，另一手置于垫上，躯干保持正直。一侧腿抬起与躯干保持平行或根据练习需要后伸至最高处。在练习过程中，持球手臂在肘关节处可保持屈曲状态。

动作要领：延长单腿支撑的时间以增加躯干保持稳定的难度。

（二十九）球上俯卧撑（图 2-71）

练习技术：以两臂伸直、双手持球、双腿保持正直为起始姿势，连续在球上完成俯卧撑。

动作要领：双肘夹紧躯干以保持肩带稳定。

（三十）单脚球上俯卧撑

练习技术：两臂屈肘，双手持球，双腿伸直并拢，躯干保持正直，一侧腿抬起，另一侧腿与躯干保持平行并保持该姿位。连续在球上完成俯卧撑。

动作要领：双肘夹紧躯干以保持肩带稳定，提高抬起腿的高度以增加保持稳定的难度。

图 2-70　单脚持球手撑

图 2-71　球上俯卧撑

（三十一）单手球上俯卧撑

练习技术：以俯卧撑姿位俯卧于垫上，一侧手撑实心球，另一侧手撑垫面完成俯卧撑。

动作要领：可抬起一侧腿与躯干平行来增加动作难度。

（三十二）坐姿持球俄罗斯转体（图 2-72）

练习技术：坐于垫上，双手持球，双脚离开垫面并保持该姿位。以腰腹为动力带动双臂持球左右转体。

动作要领：可采用屈臂、直臂的动作改变运动强度。头颈与躯干的转动速度应保持一致，腹肌主动收缩以保证脚不接触地面。

（三十三）直腿持球仰卧起坐（图 2-73）

练习技术：仰卧于垫上，双腿直膝上举，双手持球做仰卧起坐，以球触及脚背为成功。

图 2-72　坐姿持球俄罗斯转体

动作要领：绷脚尖以增加仰卧起坐的难度。

图 2-73　直腿持球仰卧起坐

（三十四）仰卧屈膝夹球左右转体（图 2-74）

练习技术：仰卧于垫上，双腿屈膝屈髋，将实心球夹于两膝处。以腰腹为动力带动腿和球向躯干左右两侧转体。

动作要领：双臂可水平外展以控制躯干的稳定。

图 2-74　仰卧屈膝夹球左右转体

（三十五）仰卧夹球腿屈伸（图 2-75）

练习技术：仰卧于垫上，将球夹于小腿之间，主动做大腿、小腿的屈伸动作。

动作要领：根据个人能力的差异选择实心球放置的位置。

图 2-75　仰卧夹球腿屈伸

（三十六）仰卧夹肘左右触膝（图2-76）

练习技术：仰卧于垫上，双臂伸直两肘夹紧，双腿伸直并拢。以同侧手触及同侧膝盖。
动作要领：腰腹肌群主动发力而非肩关节的一味伸展。

图2-76　仰卧夹肘左右触膝

（三十七）屈腿仰卧起坐（图2-77）

练习技术：屈腿仰卧于垫上，起身的同时用肘触及膝盖，交替进行。
动作要领：屈腿保持不动，肘部主动触及膝盖。

图2-77　屈腿仰卧起坐

（三十八）持球两头起（图2-78）

练习技术：俯卧于垫上，双臂双腿伸直，双手持实心球做两头起。
动作要领：双臂向前尽力伸直以增加对肩带的刺激强度。

图 2-78　持球两头起

(三十九) 土耳其起立(图 2-79)

练习技术：单侧手持哑铃侧卧于垫上。以肘撑—手撑—站立的顺序完成持铃起立，并按照相反顺序回到初始动作。

动作要领：在起立与侧卧过程中始终保持持铃侧手臂竖直上举。

图 2-79　土耳其起立

（四十）助力持球仰卧起坐（图2-80）

练习技术：队员持球做仰卧起坐，教练员在队员起身的同时给予不同方向的推力，队员克服推力并成功完成仰卧起坐。

动作要领：教练员需固定队员的支撑脚，以保证队员用力。

图2-80　助力持球仰卧起坐

（四十一）助力仰卧举腿（图2-81）

练习技术：队员仰卧做举腿动作，教练员在队员举腿达到最高位置时给予不同方向的推力，队员克服推力并成功完成举腿。

动作要领：教练员需固定队员的支撑点，例如双手，以保证队员用力。

二、以平衡盘、泡沫轴、TRX为主的训练

（一）平衡盘双腿下蹲（图2-82）

练习技术：双脚站立于平衡盘上，双膝积极弯曲后呈半蹲位。

动作要领：整个过程中需要保证身体重心的稳定，避免重心的晃动。下蹲后可保持蹲姿位若干秒钟，随后积极回位。

（二）平衡盘前后弓箭步（图2-83）

练习技术：双脚先站立于垫上，然后单脚向前（后）站于平衡盘上，保持该姿势若干秒钟，随后积极回位。

图 2-81　助力仰卧举腿

图 2-82　平衡盘双腿下蹲

动作要领:当单脚站于平衡盘时需要保证身体的稳定,避免脚从平衡盘上滑下或身体的晃动。

图 2-83　平衡盘前后弓箭步

(三) 平衡盘单脚平衡(图 2-84)

练习技术:单脚站于平衡盘上,微闭双眼,双手呈水平位展开,同伴计时。
动作要领:在练习中避免身体晃动是延长站立时间的关键。

(四) 平衡盘单腿弓箭步支撑(图 2-85)

练习技术:以垫上站立位为初始动作,随后单腿支撑向平衡盘起跳,双腿在空中进行前后交换后,单脚立于平衡盘上,完成单腿弓箭步支撑。
动作要领:练习前首先应判断垫与平衡盘的距离。空中动作要求四肢摆动连贯,下肢用力均匀流畅,避免过度用力影响着立姿位。

(五) 平衡盘侧向单腿弓箭步支撑(图 2-86)

练习技术:以侧向垫上站立位为初始动作,随后单腿支撑向平衡盘起跳,单脚立于平衡盘上,完成单腿弓箭步支撑。
动作要领:练习前首先应判断垫与平衡盘的距离。空中动作要求四肢摆动连贯,下肢用力均匀流畅,避免过度用力影响着立姿位。

图 2-84 平衡盘单脚平衡

图 2-85 平衡盘单腿弓箭步支撑

图 2-86 平衡盘侧向单腿弓箭步支撑

（六）平衡盘燕式平衡（图 2-87）

练习技术：单脚站立于平衡盘上，上体前倾，双臂向头前方伸出，另一脚向双臂的反方向平缓后伸，以燕式平衡姿位保持若干秒。

动作要领：要求达到燕式平衡姿位时，上肢、腰背、下肢处于同一平面。在保持动作阶段双眼尽力向双手伸展方向看齐。支撑腿要求直立,膝关节避免屈曲。

图 2-87　平衡盘燕式平衡

（七）平衡盘跪姿燕式平衡（图 2-88）

练习技术:单腿跪于平衡盘上,上体前倾,双臂向头前方伸出,另一腿向双臂的反方向平缓后伸,以燕式平衡姿位保持若干秒。

动作要领:要求达到燕式平衡姿位时,上肢、腰背、下肢处于同一平面。在保持动作阶段双眼尽力向双手伸展方向看齐。

图 2-88　平衡盘跪姿燕式平衡

（八）平衡盘屈腿仰卧起坐（图 2-89）

练习技术:仰卧于平衡盘上,双腿在髋关节、膝关节处屈曲,两手抱头,随后完成仰卧起坐动作。

动作要领:练习中避免下肢和颈部以及肩带处的肌肉用力,在仰卧起坐的抬起与落下阶段要求动作缓慢、匀速。

（九）平衡盘直腿仰卧起坐

练习技术：仰卧于平衡盘上，大腿在髋关节处屈曲，两手抱头，随后完成仰卧起坐动作。

动作要领：练习中避免下肢和颈部以及肩带处的肌肉用力，在仰卧起坐的抬起与落下阶段要求练习技术动作缓慢、匀速。

（十）平衡盘侧卧起

练习技术：侧卧于平衡盘上，一侧躯干顶住，双手抱头，两腿笔直伸展，然后完成仰卧起坐动作。

动作要领：避免颈部与肩带部位的肌肉过度用力，在练习中依靠腹外斜肌主动用力。

（十一）平衡盘直臂仰卧起坐（图2-90）

练习技术：仰卧于平衡盘上，双腿在髋关节、膝关节处屈曲，双臂伸直，随后完成仰卧起坐动作。

动作要领：练习中避免下肢和颈部以及肩带处的肌肉用力，在仰卧起坐的抬起与落下阶段要求练习技术动作缓慢、匀速。

图 2-89　平衡盘屈腿仰卧起坐　　　　　图 2-90　平衡盘直臂仰卧起坐

（十二）平衡盘俯卧撑（图2-91）

练习技术：双手支撑在平衡盘上，躯干与下肢呈一直线，双脚尖撑地，随后完成俯卧撑动作。

动作要领：在撑起与下降阶段肩带、双臂保证稳定，避免躯干摆动。

（十三）平衡盘手撑、肘撑交换（图2-92）

练习技术：双手支撑在平衡盘上，躯干与下肢呈一直线，并以双脚尖撑地。下降阶段首先以左肘、右手支撑，在撑起阶段左肘转换为左手，与右手呈双支撑位将身体撑起；随后以右肘、左手支撑再下降，而撑起阶段右肘转换为右手，左右手双支撑将身体撑起。

动作要领：肘、手交换时由于左右两侧支撑高度的不同，躯干会发生一定的扭转，此时需要主动控制躯干，尽可能小幅度地倾斜，同时加快肘、手的交换速度。

图2-91　平衡盘俯卧撑

图2-92　平衡盘手撑、肘撑交换

（十四）平衡盘夹肘俯卧撑

练习技术：双手支撑在平衡盘上，躯干与下肢呈一直线，双脚尖撑地，双肘夹住躯干两侧，随后完成俯卧撑动作。

动作要领：在撑起与下降阶段肩带、双臂保证稳定，双肘加紧躯干两侧，避免躯干的摆动。

（十五）平衡盘静力肘撑

练习技术：双肘支撑在平衡盘上，躯干、下肢呈一直线，以脚尖撑地，双眼前视。保持该姿位若干秒。

动作要领：避免腰部下塌，腰背部主动用力。

（十六）平衡盘侧卧肘撑（图2-93）

练习技术：躯干呈侧卧位，单肘支撑在平衡盘上，躯干、下肢呈一直线，以脚尖撑地，双眼前视。保持该姿位若干秒。

动作要领：避免腰部下塌，腰背部主动用力。

图 2-93　平衡盘侧卧肘撑

（十七）平衡盘上纵跳

练习技术：双脚开立，呈半蹲位于平衡盘上，下肢主动发力向上纵跳，随后双脚落于平衡盘面上。

动作要领：纵跳时要求下肢主动发力，落地时避免脚跟落地，脚踝处肌肉与肌腱需要保持适量的紧张度。

（十八）平衡盘上单脚纵跳

练习技术：直腿单脚站于平衡盘上，支撑腿主动发力向上纵跳，随后支撑脚落于平衡盘面上。

动作要领：纵跳时要求下肢主动发力，落地时避免脚跟落地，脚踝处肌肉与肌腱需要保持适量的紧张度。

（十九）平衡盘侧卧位肘撑异侧大腿屈伸（图2-94）

练习技术：单肘支撑侧卧在平衡盘上，以支撑肘与同侧脚为支撑点，躯干与下肢呈一直线。随后异侧腿在髋关节处完成直腿屈伸动作。

动作要领：大腿在屈伸时避免膝关节发生弯曲，髋关节避免过度下降。

图 2-94　平衡盘侧卧位肘撑异侧大腿屈伸

（二十）平衡盘侧卧位肘撑同侧大腿屈伸

练习技术：单肘支撑侧卧在平衡盘上，以支撑肘与异侧脚为支撑点，躯干与下肢呈一直线。随后同侧腿在髋关节处完成直腿屈伸动作。

动作要领：大腿在屈伸时避免膝关节发生弯曲，髋关节避免过度下降。

（二十一）平衡盘双脚支撑俯卧撑（图 2-95）

练习技术：双脚置于平衡盘上，躯干与下肢呈一直线，双手支撑为俯卧撑起始动作，随后完成俯卧撑。

动作要领：在俯卧撑动作过程中大腿保持夹紧，避免躯干晃动。

图 2-95　平衡盘双脚支撑俯卧撑

（二十二）平衡盘双脚支撑爬行（图 2-96）

练习技术：双脚置于平衡盘上，躯干与下肢呈一直线，双手支撑（可交叉支撑）为俯卧撑起始动作，随后双手支撑向身体两侧45°爬行。

动作要领：爬行过程中避免屈腿，避免髋关节下塌，双眼可目视前方。

图 2-96　平衡盘双脚支撑爬行

（二十三）平衡盘单脚支撑异侧腿屈伸与外展（图 2-97）

练习技术：单脚支撑站立于平衡盘上，双臂水平外展，在支撑腿屈曲下蹲的同时另一条腿在髋关节处完成屈伸与外展动作。

动作要领：在下蹲与直膝时保证躯干的稳定。

图 2-97　平衡盘单脚支撑异侧腿屈伸与外展

续图 2-97

（二十四）平衡盘双腿下蹲（图 2-98）

练习技术：双脚站立在平衡盘上，双膝积极弯曲呈半蹲位。

动作要领：在整体动作过程中需要保证身体重心的稳定，避免重心的移动。下蹲后可保持蹲姿位若干秒，随后积极回位。

图 2-98 平衡盘双腿下蹲

（二十五）平衡盘夹腿下蹲（图 2-99）

练习技术：双脚站立在平衡盘上，双膝内扣，积极弯曲后呈半蹲位。

动作要领：在整体动作过程中需要保证身体重心的稳定，避免重心的移动。下蹲后可保持蹲姿位若干秒，随后积极回位。

图 2-99　平衡盘面夹腿下蹲

（二十六）平衡盘四肢交替打水

练习技术：仰卧于平衡盘上，四肢离地，交替完成类似打水动作。

动作要领：整体动作类似仰泳打水动作，避免躯干从平衡盘面上滚落。

（二十七）平衡盘收膝仰卧起坐

练习技术：仰卧于平衡盘上，四肢离地，双手抱头，随后完成仰卧起坐动作。

动作要领：仰卧起坐动作要求在躯干屈曲的同时，异侧腿收膝向躯干靠拢，并以触碰到对侧肘关节为完成标准。

（二十八）泡沫轴俯卧撑（图 2-100）

练习技术：双手支撑在泡沫轴上，躯干与下肢呈一直线，并以双脚尖撑地，随后完成俯卧撑动作。

动作要领：在撑起与下降阶段肩带、双臂保证稳定，避免躯干的摆动。

（二十九）泡沫轴夹肘俯卧撑（图 2-101）

练习技术：双手支撑在泡沫轴上，躯干与下肢呈一直线，并以双脚尖撑地，双肘夹住躯干两侧，随后完成俯卧撑动作。

动作要领：在撑起与下降阶段肩带、双臂保证稳定，双肘夹紧躯干两侧，避免躯干的摆动。

图 2-100　泡沫轴俯卧撑

图 2-101　泡沫轴夹肘俯卧撑

（三十）泡沫轴前倾手撑（图 2-102）

练习技术：双手支撑俯卧在泡沫轴上，躯干与下肢呈一直线，双臂向前倾 15°～30°，保持该姿位若干秒。

动作要领：避免双臂的过度前倾，以及髋关节过度上抬。

图 2-102　泡沫轴前倾手撑

（三十一）泡沫轴手撑、肘撑交换（图 2-103）

练习技术：双手支撑在泡沫轴上，躯干与下肢呈一直线，并以双脚尖撑地。下降阶段首先以右肘、左手支撑，在撑起阶段右肘转换为右手，与左手呈双支撑位将身体撑起；随后以左肘、右手支撑再下降，而撑起阶段左肘转换为左手，左右手双支撑将身体撑起。

动作要领：肘、手交换时由于左右两侧支撑高度的不同，躯干会发生一定的扭转，此时需要主动控制躯干，尽可能小幅度地倾斜，同时加快肘、手的交换速度。

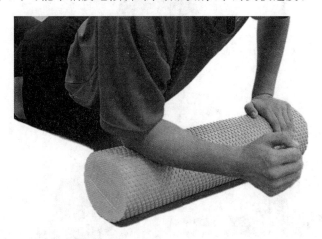

图 2-103　泡沫轴手撑、肘撑交换

（三十二）泡沫轴碾腹

练习技术：以站立位为起始动作，随后躯干屈曲，双手置于泡沫轴上，双臂主动推动泡沫轴向前方滚动，同时双脚保持原姿位不同，随着泡沫轴的逐渐向前移动，躯干与下肢呈一直线。

动作要领：腹肌在整体动作阶段中保证积极用力，避免从泡沫轴上滚落或躯干突然下跌。

（三十三）泡沫轴双腿下蹲（图 2-104）

练习技术：双脚站于泡沫轴上，双膝积极弯曲后呈半蹲位。

动作要领：在整体动作过程中需要保证身体重心的稳定，下蹲后可保持蹲姿若干秒，随后积极回位。

（三十四）泡沫轴单脚支撑异侧腿屈伸（图 2-105）与外展

练习技术：单脚支撑站于泡沫轴上，双臂水平外展，在支撑腿屈曲下蹲的同时异侧腿在髋关节处完成屈伸与外展动作。

动作要领：在下蹲与直膝时保证躯干的稳定。

图 2-104 泡沫轴双腿下蹲

图 2-105 泡沫轴单脚支撑异侧腿屈伸与外展

（三十五）泡沫轴跪姿平衡（图 2-106）

练习技术：以双膝下胫骨为支撑点，跪于泡沫轴上，躯干保持正直，双臂呈水平外展姿位。保持该姿位若干秒。

动作要领：避免以髌骨直接跪于泡沫轴上。

（三十六）泡沫轴跪姿双手传接球（图 2-107）

练习技术：以双膝下胫骨为支撑点，跪于泡沫轴上，躯干保持正直，与同伴配合完成双

图 2-106　泡沫轴跪姿平衡

手传球接球。

动作要领：避免以髌骨直接跪于泡沫轴上，在传接球同时避免躯干的前后晃动。

图 2-107　泡沫轴跪姿双手传接球

(三十七)泡沫轴跪姿单手传接球

练习技术:以双膝下胫骨为支撑点,跪于泡沫轴上,躯干保持正直,与同伴配合完成单手传球接球。

动作要领:避免以髌骨直接跪于泡沫轴上,在传接球同时避免躯干的前后晃动。

(三十八)泡沫轴四肢交替打水

练习技术:仰卧于泡沫轴上,四肢离地,交替完成打水动作。
动作要领:整体动作类似仰泳打水动作,避免躯干从泡沫轴上滚落。

(三十九)泡沫轴侧卧位手撑同侧大腿屈伸(图 2-108)

练习技术:单臂支撑侧卧于泡沫轴上,以支撑臂与异侧脚为支撑点,躯干与下肢呈一直线。随后同侧腿在髋关节处完成直腿屈伸动作。

动作要领:大腿在屈伸时避免膝关节发生弯曲,髋关节避免过度下降。

图 2-108　泡沫轴侧卧位手撑同侧大腿屈伸

(四十)泡沫轴侧卧位手撑异侧大腿屈伸与外展(图 2-109)

练习技术:单臂支撑侧卧于泡沫轴上,以支撑臂与同侧脚为支撑点,躯干与下肢呈一直线。随后异侧腿在髋关节处完成直腿屈伸与外展动作。

动作要领：大腿在屈伸时避免膝关节发生弯曲，髋关节避免过度下降。

图 2-109　泡沫轴侧卧位手撑异侧大腿屈伸与外展

（四十一）泡沫轴单脚平衡

练习技术：单脚站于泡沫轴上，微闭双眼，双手水平展开，同伴计时。
动作要领：避免身体重心不稳是延长站立时间的关键。

（四十二）泡沫轴哑铃（重物）推举（图 2-110）

练习技术：仰卧于泡沫轴上，以一侧手臂和两脚为支撑点，另一侧手臂完成哑铃推举动作。
动作要领：可根据能力选择单手推举或双手推举。

（四十三）泡沫轴丁字步移动（图 2-111）

练习技术：双脚呈丁字步站于泡沫轴上，完成前后移动。
动作要领：双脚在移动过程中保持泡沫轴不移动。

（四十四）泡沫轴跳跃

练习技术：以站立位为初始动作，随后向泡沫轴起跳，双脚立于泡沫轴上。
动作要领：练习前首先应判断好垫与泡沫轴的距离。空中动作要求四肢摆动连贯，下肢用力均匀流畅，避免过度用力影响站立姿势。

图 2-110　泡沫轴哑铃（重物）推举　　　　图 2-111　泡沫轴丁字步移动

（四十五）泡沫轴夹肘交叉支撑俯卧撑（图 2-112）

练习技术：躯干呈俯卧位，双肘夹住躯干两侧，双手交叉，以手部虎口紧贴于泡沫轴，完成俯卧撑。

动作要领：躯干下降时避免双肘过度外展造成肘部损伤。

（四十六）泡沫轴收膝仰卧起坐

练习技术：仰卧于泡沫轴上，四肢离地，双手抱头，随后完成仰卧起坐动作。

动作要领：仰卧起坐动作要求在躯干屈曲的同时，一侧腿收膝向躯干靠拢，并以另一侧肘膝触碰为完成标准。

（四十七）泡沫轴仰卧收膝

图 2-112　泡沫轴夹肘交叉支撑俯卧撑

练习技术：仰卧于泡沫轴上，四肢离地，双手抱头，随后完成收膝动作。

动作要领：收膝动作时，要求上肢平稳，避免双手触地。

（四十八）泡沫轴哑铃推举

练习技术：仰卧于泡沫轴上，以两脚为支撑点，双臂完成哑铃推举动作。
动作要领：可根据能力需要选择单手推举或双手推举，双腿并拢，双脚跟触地。

（四十九）泡沫轴屈膝仰卧起坐

练习技术：仰卧于泡沫轴上，双腿在膝关节处屈曲，两手抱头，随后完成仰卧起坐动作。
动作要领：练习中避免下肢和颈部以及肩带处的肌肉用力，在仰卧起坐的抬起与落下阶段要求练习技术动作缓慢、匀速。

（五十）泡沫轴抱胸仰卧连续顶髋

练习技术：以双脚、肩胛骨为支点仰卧于泡沫轴上，双手抱胸并保持该姿位，连续做出向上顶髋的动作。
动作要领：双臂抱胸以增加躯干保持稳定的难度。

（五十一）泡沫轴跪姿燕式平衡

练习技术：单腿跪于泡沫轴上，上体前倾，双臂交叉向头前方伸出，另一腿向双臂的反方向平缓后伸，以燕式平衡姿位保持若干秒。
动作要领：要求达到燕式平衡姿位时，上肢、腰背、下肢处于同一平面。在保持动作阶段双眼尽力向双手伸展方向看齐。

（五十二）泡沫轴坐姿收膝

练习技术：坐于泡沫轴上，双腿向体前并拢伸直，随后双腿在膝关节、髋关节处主动屈曲收至胸前，然后复位。
动作要领：下肢屈曲阶段需保证上体平衡与稳定，根据难度需要选择手部支撑。

（五十三）泡沫轴静力坐姿支撑

练习技术：坐于泡沫轴上，双腿向体前并拢伸直，随后保持该姿位若干秒。
动作要领：除臀部外，避免有其他支撑点，双臂在水平面内积极外展。

（五十四）泡沫轴夹球转髋

练习技术：仰卧于泡沫轴上，双腿夹球，双臂水平外展。以躯干带动下肢主动左右扭转。

动作要领：避免泡沫轴滚动，在转髋阶段不得掉球。

（五十五）泡沫轴侧卧肘撑（图2-113）

练习技术：以同侧肘、脚为支撑点，脚置于泡沫轴上完成侧卧肘撑动作。随后异侧上体、异侧腿主动外展与复位。

动作要领：将脚掌外侧置于泡沫轴上，避免脚踝的直接支撑。

图2-113　泡沫轴侧卧肘撑

（五十六）泡沫轴侧卧手撑（图2-114）

练习技术：以同侧手、脚为支撑点，脚置于泡沫轴上完成侧卧手撑动作。随后异侧上体、异侧腿主动外展与复位。

动作要领：将脚掌外侧置于泡沫轴上，避免脚踝的直接支撑。

（五十七）平衡盘燕式平衡对抗（图2-115）

练习技术：以燕式平衡为起始位单脚站于平衡盘上，单手持橡皮条与同伴配合。在燕式平衡至单脚平衡的阶段中主动收拉橡皮条。

动作要领：双方需要判断站位的距离，提前对橡皮条的拉伸程度进行协调。

（五十八）平衡盘蹲起对抗（图2-116）

练习技术：双脚站于平衡盘上，双臂体前平举，双手持橡皮条与同伴配合。在站立位至蹲姿位阶段中双臂主动收拉橡皮条。

图 2-114 泡沫轴侧卧手撑

图 2-115 平衡盘燕式平衡对抗

动作要领：避免在橡皮条对抗过程中上体倾斜，双方需要判断站位距离。

（五十九）平衡盘躯干对抗扭转（图 2-117）

练习技术：呈弓箭步姿位单脚站于平衡盘上，双手持橡皮条与同伴配合。随后躯干向支撑腿方向积极扭转，扭转过程中双臂伸直加大对抗程度。

动作要领：避免颈部过度用力，躯干带动头部扭转。在躯干扭转到最大程度时双臂完

图 2-116　平衡盘蹲起对抗

全伸直,阻力达到最大。

图 2-117　平衡盘躯干对抗扭转

(六十) 平衡盘单腿对抗屈伸(图 2-118)

练习技术:单脚站于平衡盘上,另一侧脚缠绕橡皮条与同伴配合。单腿在对抗条件下完成屈曲与后伸动作。

动作要领：上体保持平衡与直立，避免膝关节发生屈曲。

图 2-118 平衡盘单腿对抗屈伸

（六十一）平衡盘单腿外展内收（图 2-119）

练习技术：单脚站于平衡盘上，另一侧脚缠绕橡皮条与同伴配合。单腿在对抗条件下完成外展与内收动作。

动作要领：上体保持平衡与直立，避免膝关节发生屈曲。

（六十二）平衡盘仰卧平衡

练习技术：仰卧于平衡盘上，下肢并拢伸直，双手持橡皮带收紧至于头上。保持该姿位若干秒。

动作要领：全身保持平衡，避免上下肢因过度用力跌落平衡盘下。

（六十三）平衡盘皮条对抗上臂屈伸

练习技术：仰卧于平衡盘上，双手拉紧橡皮条至于头上，双臂在肩关节处完成屈曲动作。

动作要领：在完成上臂的屈曲动作过程中，避免肘关节屈曲。全程保持橡皮条的收紧。

图 2-119　平衡盘单腿外展内收

（六十四）平衡盘对抗收膝仰卧起坐

练习技术：仰卧于平衡盘上，四肢离地，双手在胸前拉紧橡皮条，随后完成仰卧起坐动作。

动作要领：仰卧起坐动作要求在躯干屈曲的同时，一侧腿收膝向躯干靠拢，并以对侧肘膝触碰为完成标准。其间保持橡皮条的收紧。

（六十五）仰卧位平衡盘单臂屈伸

练习技术：仰卧于平衡盘上，单手持橡皮条与同伴配合完成上臂在肩关节处的屈伸动作。

动作要领：避免肩胛骨部分置于平衡盘上，全过程保证颈部以上部分的悬空稳定。

（六十六）仰卧位平衡盘单臂外展内收

练习技术：仰卧于平衡盘上，单手持橡皮条与同伴配合完成上臂在肩关节处的外展和内收动作。

动作要领：避免肩胛骨部分置于平衡盘上，全过程保证颈部以上部分的悬空稳定。

(六十七)TRX 双臂俯卧撑(图 2-120)

练习技术:呈前倾站姿位,直臂胸前水平外展,双手握悬吊绳,随后完成俯卧撑动作。

动作要领:保证俯卧撑过程中躯干没有过度倾斜,下肢保持原位不可移动。根据难度需要选择适宜的倾斜角度,避免因过度负荷造成肩带部位损伤。

(六十八)TRX 俯卧撑顶膝(图 2-121)

练习技术:呈前倾站姿位,直臂胸前水平外展,双手握悬吊绳,随后单腿支撑,膝关节积极屈曲完成顶膝动作。

动作要领:练习过程中上肢需保持初始姿位,单脚原地保持支撑不可移动。

图 2-120 TRX 双臂俯卧撑

图 2-121 TRX 俯卧撑顶膝

(六十九)TRX 单臂十字侧倾支撑(图 2-122)

练习技术:单手拉悬吊绳,呈十字侧倾姿位,保持该姿位若干秒。

动作要领:在静力侧倾过程中避免双脚发生移动,目光前视,双臂水平外展。

(七十)TRX 单腿外展十字侧倾支撑(图 2-123)

练习技术:单手拉悬吊绳,另一侧腿和手臂主动外展,整体呈十字侧倾姿位,保持该姿位若干秒。

动作要领:在静力侧倾过程中避免支撑腿发生移动,目光前视,另一侧腿主动外展,双臂水平外展。

图 2-122　TRX 单臂十字侧倾支撑

图 2-123　TRX 单腿外展十字侧倾支撑

（七十一）TRX 单腿前踢十字侧倾支撑（图 2-124）

练习技术：单手拉悬吊绳，异侧大腿主动在髋关节屈曲，整体呈十字侧倾姿位，保持该姿位若干秒。

动作要领：在静力侧倾过程中避免支撑脚发生移动，目光前视，异侧腿主动在髋关节处屈曲，双臂水平外展。

图 2-124　TRX 单腿前踢十字侧倾支撑

（七十二）TRX 卧拉（图 2-125）

练习技术：面向 TRX 站立，双臂伸直拉紧 TRX 悬吊绳。随后上肢主动用力将躯干拉向 TRX 悬吊绳。

动作要领：躯干在运动过程中保持直立。

图 2-125　TRX 卧拉

（七十三）TRX 俯倾水平外展内收（图 2-126）

练习技术：俯倾，双臂伸直握悬吊绳。在躯干俯倾的过程中双臂在水平面完成外展与内收动作。

动作要领：根据难度需要选择适宜的倾斜角度，避免因过度负荷造成肩带部位损伤。

图 2-126　TRX 俯倾水平外展内收

（七十四）TRX 仰卧双脚悬吊连续顶髋（图 2-127）

练习技术：仰卧，以双脚、肩胛骨为支点，双脚悬吊连续做出向上顶髋的动作。

动作要领：顶髋的过程伴随着臀大肌的主动收缩，双臂水平外展以保持躯干的稳定。

图 2-127　TRX 仰卧双脚悬吊连续顶髋

(七十五) TRX 仰卧抱胸双脚悬吊连续顶髋(图 2-128)

练习技术:仰卧,以双脚、肩胛骨为支点,双手抱胸并保持该姿位。双脚悬吊连续做出向上顶髋的动作。

动作要领:双臂抱胸以增加躯干保持稳定的难度。

图 2-128 TRX 仰卧抱胸双脚悬吊连续顶髋

(七十六) TRX 俯卧双脚悬吊收膝收髋(图 2-129)

练习技术:俯卧,双脚悬吊,双手撑地。下肢在髋关节、膝关节处主动屈曲并复位。

动作要领:下肢屈伸过程中保证脊柱的水平位,避免躬身、塌腰等。

图 2-129 TRX 俯卧双脚悬吊收膝收髋

（七十七）TRX 仰卧分腿（图 2-130）

练习技术：仰卧，双脚悬吊，以上背部为支撑点，完成双腿的开合动作。

动作要领：躯干在练习过程中保证悬空稳定，避免髋关节部位的晃动乃至触地。

图 2-130　TRX 仰卧分腿

（七十八）TRX 双腿悬吊仰卧起坐（图 2-131）

练习技术：仰卧，双脚悬吊，以臀部为支撑点，双臂后伸，完成仰卧起坐。

动作要领：双腿在练习过程中保持并拢伸直，避免通过上肢的过度用力来完成仰卧起坐。

图 2-131　TRX 双腿悬吊仰卧起坐

（七十九）TRX 侧卧转体（图 2-132）

练习技术：肘撑侧卧，双脚悬吊，另一侧臂在肩关节处向上伸直。随后保持单臂肘撑，双脚悬吊，躯干主动用力，完成转体动作，主动向身体对侧伸展。

动作要领：避免猛烈地转体，避免颈部的过度用力扭转。

图 2-132　TRX 侧卧转体

> **思考与练习**
>
> 　　针对单杠引体向上与双杠臂屈伸两个考核项目,从本章节中分别选取五类具体训练手段,制定体能训练方案并实施。

第三章　集体操练

熟悉和掌握体能训练热身操技术动作环节,能够独立完成体能训练热身操。
了解体能训练早操技术动作环节,能够集体完成体能训练早操。

集体操练是在队列训练的基础上,以班、区队、大队队列动作为主要开始和结束形式的一类集体体操练习,是体技能训练课程中重要的组织教学环节,同时也是民航空中安全保卫专业学生日常行为管理的重要组成部分。集体操练对于培养民航空中安全保卫专业学生的整齐划一、纪律严明、英勇果敢等作风和素质具有潜移默化的影响。

民航空中安全保卫专业学生集体操练主要包括体能训练热身操、格斗操、早操等,本章节重点介绍体能训练热身操与早操。

第一节　体能训练热身操

体能训练热身操是空保专业学生在体能训练之前,以集体方式、统一动作和节奏进行的集体训练操。做体能训练热身操的目的是帮助全部学生(以班为建制)以积极性的准备活动为训练起始点,在较短的时间内提高机体温度以及肌肉和韧带的活性、增加神经兴奋程度,以适应后续体能训练科目的教学训练,降低机体受伤风险,增强训练表现,提高训练热情与积极性。

口令:"(体能训练)热身操准备——开始"。口令以 4×8 拍为基本节奏,每拍之间口令间隔时间为 1~1.5 s,伴随(体能训练)热身操动作幅度与强度的增大,口令间隔时间可逐渐缩短,最终每拍之间口令间隔时间为 0.5~1 s。全体学生和教员共同高喊口令进行热身。

一、头手运动

头手运动如图 3-1 所示。
动作标准:全体学生双脚开立与肩同宽,挺腰拔背,双手置于裤缝线处准备。

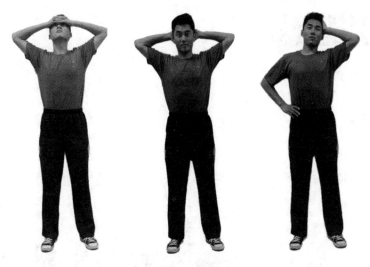

图 3-1　头手运动

（一）第一个八拍

(1) 口令 1：双手五指交叉置于颈后枕骨处。
(2) 口令 2：双手向前下方按压，颈部主动发力对抗，对抗程度由轻微开始逐渐加强。
(3) 口令 3、4：头手对抗程度逐渐增加，颈后肌群感到拉长并有轻微抻拉感，但无不适。
(4) 口令 5：双手五指交叉置于前额。
(5) 口令 6：双手向后下方按压，颈部主动发力对抗，对抗程度由轻微开始逐渐加强。
(6) 口令 7、8：头手对抗程度逐渐增加，颈后肌群感到拉长并有轻微抻拉感，但无不适。

（二）第二个八拍

重复第一个八拍动作。

（三）第三个八拍

(1) 口令 1：右臂放松弯曲，右手掐腰，左臂上抬屈肘，左手五指分开置于左耳廓上缘。
(2) 口令 2：左手用力向右下方拉伸，颈部主动发力对抗，对抗程度由轻微开始逐渐加强。
(3) 口令 3、4：头手对抗程度逐渐增加，颈后肌群感到拉长并有轻微抻拉感，但无不适。
(4) 口令 5：左右手交换动作。
(5) 口令 6：右手用力向左下方拉伸，颈部主动发力对抗，对抗程度由轻微开始逐渐加强。
(6) 口令 7、8：头手对抗程度逐渐增加，颈后肌群感到拉长并有轻微抻拉感，但无不适。

（四）第四个八拍

重复第三个八拍动作。

二、肩绕环

肩绕环如图 3-2 所示。

动作标准：全体学生双脚开立与肩同宽，挺腰拔背，双臂放松侧平举准备。

图 3-2　肩绕环

（一）第一个八拍

（1）口令 1：双手空握拳，大拇指伸直，双臂屈曲，用大拇指顶住胸大肌最厚缘，朝向体前方双肘由外向内打圈。

（2）口令 2、3、4：打圈速度逐渐加快。

（3）口令 5：双手空握拳，大拇指伸直，双臂屈曲，用大拇指顶住胸大肌最厚缘，朝向体后方双肘由内向外打圈。

（4）口令 6、7、8：打圈速度逐渐加快。

（二）第二个八拍

重复第一个八拍动作。

(三) 第三个八拍

(1) 口令1:双手打开,双臂伸直,朝向体前方直臂由外向内打圈。
(2) 口令2、3、4:打圈速度逐渐加快。
(3) 口令5:双手打开,双臂伸直,朝向体前方直臂由内向外打圈。
(4) 口令6、7、8:打圈速度逐渐加快。

(四) 第四个八拍

重复第三个八拍动作。

三、"大"字摸脚背

"大"字摸脚背如图3-3所示。
动作标准:全体学生双脚开立略宽于肩,挺腰拔背,双臂放松侧平举,呈"大"字准备。

(一) 第一个八拍

(1) 口令1:保持双臂侧平举,弯腰顶髋,两腿伸直,目视前方,以右手摸左脚外侧脚背。
(2) 口令2:保持口令1的身体姿势,以左手摸右脚外侧脚背。
(3) 口令3—8:左右手交替摸脚背。

(二) 第二、第三、第四个八拍

重复以上动作,口令与动作速度逐渐加快。

四、弓箭步平衡

弓箭步平衡如图3-4所示。
动作标准:全体学生双脚开立与肩同宽,挺腰拔背,双手置于裤缝线处准备。

(一) 第一个八拍

(1) 口令1:挺腰拔背,双臂侧平举,左腿向前迈出呈弓箭步姿势,右腿主动屈膝下降至膝盖接近地面,前脚跟后脚尖保持在同一直线上。
(2) 口令2—8:保持口令1姿势,双腿主动上下前后小幅度移动。

图 3-3 "大"字摸脚背

图 3-4 弓箭步平衡

（二）第二个八拍

重复第一个八拍动作。

（三）第三个八拍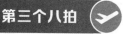

（1）口令 1：保持挺腰拔背、双臂侧平举的弓箭步姿势，右腿主动向前迈出继续呈弓箭步姿势，左腿主动屈膝下降且膝盖接近地面，前脚跟后脚尖保持在同一直线上。

（2）口令 2—8：保持口令 1 姿势，双腿主动上下前后小幅度移动。

（四）第四个八拍

重复第三个八拍动作。

五、侧压腿

侧压腿如图 3-5 所示。

动作标准：全体学生双脚开立与肩同宽，挺腰拔背，双手置于裤缝线处准备。

（一）第一个八拍

（1）口令 1：挺腰拔背，双臂平举抱于胸前，身体重心由中间移至右腿并下蹲，左腿伸直，右腿屈曲，双脚全脚掌着地。

（2）口令 2—8：保持口令 1 姿势，双腿主动上下小幅度移动，大腿内侧有牵拉感。

图 3-5　侧压腿

（二）第二个八拍

（1）口令 1：保持挺腰拔背，双臂平举抱于胸前，身体重心由右腿移向左腿并保证左腿屈曲，右腿伸直，双脚全脚掌着地。
（2）口令 2—8：保持口令 1 姿势，双腿主动上下小幅度移动，大腿内侧有牵拉感。

（三）第三个八拍

恢复至第一个八拍动作。

（四）第四个八拍

恢复至第二个八拍动作。

六、跳跃运动

跳跃运动如图 3-6 所示。
动作标准：挺腰拔背，双手置于裤缝线处准备。

（一）第一个八拍

（1）口令 1：双膝微屈曲，双腿用力向上方跳起、两腿自然打开、双臂同时打开呈侧平举姿势。
（2）口令 2：双腿并拢、双臂恢复原位、双手置于裤缝线处、落地站稳。
（3）口令 3：双膝微屈曲，双腿用力向上方跳起，两腿自然打开，双臂同时上举至最高点并于头顶上方击掌。

图 3-6　跳跃运动

（4）口令 4：双腿并拢，双臂恢复原位，双手置于裤缝线处，落地站稳。

（5）口令 5—8：重复口令 1—4 动作。

（二）第二、第三、第四个八拍

重复第一个八拍动作。

第二节　早操

与广播体操不同，民航空中安全保卫专业学生的早操在采用积极、快速的手段唤醒学生机体的同时，还将航空医学检查、体能测试中可能遇到的动作科学地融入各项技术环节中，是具有专业特征的操练，同时能够科学地利用碎片化的时间对学生的体能进行干预，对体技能训练进行有益补充。同时，坚持做高质量的早操对于民航空中安全保卫专业学生组织纪律的培养、思想政治的巩固、个人行为素养的养成具有不可替代的积极作用。

口令："早操准备——开始"。口令以 4×8 拍为基本节奏，每拍之间口令间隔时间为 1～1.5 s，伴随早操运动幅度与动作强度的增大，口令间隔时间可逐渐缩短，最终每拍之间口令间隔时间为 0.5～1 s。全体学生和教员共同高喊口令进行早操训练。

一、头手运动

同（体能训练）热身操"头手运动"的各项技术动作与口令。

二、体转运动

体转运动如图 3-7 所示。

动作标准:全体学生双脚开立与肩同宽,挺腰拔背,双手置于裤缝线处准备。

图 3-7 体转运动

(一) 第一个八拍

(1) 口令1:左臂前平举伸直,右臂屈曲,右手置于左臂肘关节。
(2) 口令2:右手用力带动左臂以及躯干上半部分向右侧扭转。
(3) 口令3、4:逐渐加大向右侧扭转的幅度。
(4) 口令5:左右侧交换。右臂前平举伸直,左臂屈曲,左手置于右臂肘关节。
(5) 口令6:左手用力带动右臂以及躯干上半部分向右侧扭转。
(6) 口令7、8:逐渐加大向左侧扭转的幅度。

(二) 第二个八拍

重复第一个八拍动作。

(三) 第三个八拍

(1) 口令1:双臂屈曲,双手自然置于髋关节,向左侧扭转。
(2) 口令2—4:逐渐加大向左侧扭转的幅度。
(3) 口令5:保持双臂屈曲、双手自然置于髋关节姿势,向右侧扭转。
(4) 口令6—8:逐渐加大向右侧扭转的幅度。

(四)第四个八拍

重复第三个八拍动作。

三、躯干运动

躯干运动如图 3-8 所示。

图 3-8 躯干运动

动作标准:全体学生双脚开立,挺腰拔背,双手置于裤缝线处准备。

(一)第一个八拍

(1)口令 1:右臂上举伸直且右手五指伸直呈立掌,左臂屈曲且左手自然置于髋关节,躯干向左侧慢速侧倾。

(2)口令 2—4:逐渐加大向左侧扭转的幅度。

(3)口令 5:左右侧交换。左臂上举伸直且左手五指伸直呈立掌,右臂屈曲且右手自然置于髋关节,躯干向右侧慢速侧倾。

(4)口令 6—8:逐渐加大向右侧扭转的幅度。

(二)第二个八拍

重复第一个八拍动作。

(三) 第三个八拍

(1) 口令1:躯干挺直,左腿作为支撑腿,右腿屈膝绷脚尖抬起,双手抱右膝,慢速向胸部上抬。

(2) 口令2—4:逐渐加大上抬幅度。

(3) 口令5:躯干挺直,左右腿交换。左腿屈膝绷脚尖抬起,双手抱左膝,慢速向胸部上抬。

(4) 口令6—8:逐渐加大上抬幅度。

(四) 第四个八拍

重复第三个八拍动作。

四、"早上好"动作

"早上好"动作如图3-9所示。

图3-9 "早上好"动作

动作标准:全体学生双脚开立与肩同宽,挺腰拔背,双手置于裤缝线处准备。

(一) 第一个八拍

(1) 口令1:躯干保持挺直,屈膝下蹲。

(2) 口令2:下蹲至最低位,要求学生大腿后群与小腿后群折叠,全脚掌着地,脚跟不抬起。

(3) 口令 3：保持下蹲姿势，空握拳双臂伸直上举，逐渐起立。
(4) 口令 4：恢复至直立姿势，双臂放下，双手松拳。
(5) 口令 5—8：重复以上动作。

（二）第二个八拍

重复第一个八拍动作。

（三）第三个八拍

(1) 口令 1：双手自然置于髋关节，目视前方，挺背，向前方弓腰。
(2) 口令 2：保持目视前方，弓腰至最大幅度，呈鞠躬姿势。
(3) 口令 3：保持躯干鞠躬姿势，双臂伸直前平举，双手空握拳。
(4) 口令 4：恢复至直立姿势，双臂放下，双手松拳。
(5) 口令 5—8：重复以上动作。

（四）第四个八拍

重复第三个八拍动作。

五、弓箭步运动

弓箭步运动如图 3-10 所示。
动作标准：全体学生双脚开立与肩同宽，挺腰拔背，双手置于裤缝线处准备。

图 3-10　弓箭步运动

(一) 第一个八拍

(1) 口令1：躯干保持挺直，双手自然置于髋关节，左腿主动向前迈出，前脚跟与后脚尖处于同一直线上，两腿屈膝下蹲呈弓箭步姿势。
(2) 口令2—4：保持口令1姿势，双腿主动上下前后小幅度移动。
(3) 口令5：保持躯干与手臂姿势，右腿主动向前迈出换架，继续呈弓箭步姿势。
(4) 口令6—7：保持口令5姿势，双腿主动上下前后小幅度移动。
(5) 口令8：由弓箭步姿势变为右腿主动后撤，恢复直立姿势，双手置于裤缝线处。

(二) 第二个八拍

重复第一个八拍动作。

(三) 第三个八拍

(1) 口令1：躯干保持挺直，双手自然置于髋关节，左腿主动向左前侧方屈膝迈出，右腿屈膝下蹲呈侧弓箭步姿势。
(2) 口令2—4：保持口令3姿势，双腿主动上下前后小幅度移动。
(3) 口令5：保持躯干与手臂姿势，左腿主动收回，右腿向右前迈出换架，继续呈弓箭步姿势。
(4) 口令6—7：保持口令5姿势，双腿主动上下前后小幅度移动。
(5) 口令8：由弓箭步姿势变为右腿主动后撤，恢复直立姿势，双手置于裤缝线处。

(四) 第四个八拍

重复第三个八拍动作。

六、俯撑运动

俯撑运动如图3-11所示。
动作标准：在口令下达之前，学生以宽卧位俯卧撑姿势，双手十指朝向正前方，俯卧于地面进行准备。

(一) 第一个八拍

(1) 口令1：保持并调整宽卧位俯卧撑姿势，准备屈臂向下移动。
(2) 口令2：双臂屈曲，身体向下移动，双臂屈曲至肘关节成90°。
(3) 口令3：保持双臂屈曲肘关节成90°的向下移动姿势，保持时间为1 s。
(4) 口令4：双臂逐渐伸直，身体向上移动。

图 3-11 俯撑运动

（5）口令 5—8：重复口令 1—4 动作。

（二）第二个八拍

重复第一个八拍动作。

（三）第三个八拍

（1）口令 1：保持并调整俯卧撑姿态为夹肘俯卧撑姿势，前臂外旋、双手主动后转、双手十指朝向脚尖，准备屈臂向下移动。
（2）口令 2：双臂屈曲，身体向下移动，双臂屈曲至肘关节成 90°。
（3）口令 3：保持双臂屈曲肘关节成 90°的向下移动姿势，保持时间为 1 s。
（4）口令 4：双臂逐渐伸直，身体向上移动。
（5）口令 5—8：重复口令 3—4 动作。

（四）第四个八拍

重复第三个八拍动作，第四个八拍结束后主动迅速站起呈直立姿势。

七、蹲起运动

蹲起运动如图 3-12 所示。
动作标准：全体学生挺腰拔背，双手置于裤缝线处准备。

图 3-12　蹲起运动

（一）第一个八拍

（1）口令 1：躯干保持挺直，双手自然置于裤缝线处，两腿慢速屈膝下蹲。

（2）口令 2：继续下蹲至最低位置，要求大腿后群与小腿后群折叠，全脚掌着地，脚后跟不允许抬起，双手主动抓住外踝。

（3）口令 3：保持双手抓外踝姿势，直腿站起，上身逐渐呈现弓腰姿势。

（4）口令 4：当两手臂达到伸直的最大程度时，松手挺腰呈直立姿势。

（5）口令 5—8：重复口令 1—4 动作。

（二）第二个八拍

重复第一个八拍动作。

（三）第三个八拍

（1）口令 1：双臂伸直呈前平举姿势，双膝并拢，两腿慢速屈膝下蹲。

（2）口令 2：继续下蹲至最低位置，要求大腿后群与小腿后群折叠，全脚掌着地，脚后跟不允许抬起，双膝继续保持并拢。

（3）口令 3：保持口令 2 动作，保持时间为 1 s。

（4）口令 4：恢复至立正姿势，双手自然置于裤缝线处。

（5）口令 5—8：重复口令 3—4 动作。

（四）第四个八拍

重复第三个八拍动作。

八、跳跃运动

同(体能训练)热身操"跳跃运动"的各项技术动作与口令。

> **思考与练习**
>
> 1. 根据第一节相关内容,以集体或单人练习的形式,进行体能训练热身操的熟悉与训练。
> 2. 根据第二节相关内容,按照自身体能素质水平与个体诉求,进行早操训练。

第四章　器械的正确使用与个人保护

学习目的

掌握体能训练中器械训练的基本练习技术。
熟悉和掌握自由负重器械的训练技术与保护方法。
熟悉体能训练中保护工作流程。

第一节　练习者和体能教练的准备

在进行体能训练之前,练习者(学生)与体能教练需要做好以下准备。
(1) 明确是否需携带训练服(轻便、透气、安全),或者有无穿着紧身训练服的必要。
(2) 为适应不同地面或应力动作对人身体的冲击,应准备慢跑鞋或综合训练鞋。
(3) 合理利用贴扎术。

体能教练应从体能训练所处的环境出发,防微杜渐,力求保证训练的安全有效。提供给练习者的抗阻训练设施(杠铃或哑铃)应尽可能令练习者感到舒服。

例如:哑铃的直径应不小于 15 cm、杠铃片的直径应不小于 51 cm。

例如:当练习者进行结构性动作练习时,体能教练应考虑重心变化给练习者机体带来的潜在危害,并给练习者配备相应的保护设备与训练设备,如提供举重训练腰带、计量保护带以及适宜尺寸和重量的瑜伽训练垫、药球和瑞士球等。当体能教练由于身高、体型、能力不能完全满足大个子练习者的需求时,应充分利用训练设备和训练技术,创造安全、高效的训练环境。

第二节　基本练习技术

抗阻训练中存在共通的练习技术。在自由重量练习和器械训练中的若干种握杠、握哑铃、握把手的技术,都需要最佳的肢体姿势表现,都要求有一定的关节活动范围、运动速度以及呼吸方法。此外,在部分训练中还要求佩戴举重训练腰带、保护带,遵循必要的程序等。现具体介绍如下。

一、抓握技术

抗阻训练中最常用的抓握方法(图 4-1)如下。

(1) 正握(解剖学姿势)。

(2) 反握(解剖学姿势)。

(3) 本书中的抓握以约定俗成的称谓为例,掌心和指关节的方向与解剖学方向相反。

图 4-1　抓握技术(上图为正握,下图为反握)

(4) 变换性握法:一手掌心向上,另一手掌心向下。

(5) 钩子握法:与正握类似,拇指在食指和中指之下。钩子握法是爆发力训练常用的握法。

在所有握法中,拇指包住杠铃杆的称为闭锁式握法,反之为开放式握法。抓握技巧包括正确掌握握距。握距包括普通握距、宽握距、窄握距。在大多数的练习中,两手距离与肩同宽。丈量握距的简易方式:直立状态,双臂放松上抬,双手间的距离就是相对合适的抓握距离。

二、稳定的身体姿势

稳定的身体姿势有助于练习者在练习过程中保持良好的动作姿态,使肌肉和关节得到正确的刺激和锻炼。在体能训练特别是抗阻训练中,为保证最大稳定性和脊柱有效支撑,练习者需要在运动技术动作全程中保持稳定姿势。

三、站立体位

双脚分开,双脚间距离略宽于肩,全脚掌着地。

四、使用器械

需要提前调节座椅、靠垫、阻力臂及运动幅度螺栓、保护栓等,系紧固定带,使练习者关节轴与器械轴同心,以满足运动技术对躯干及手臂或腿等肢体姿势的专门要求,以获得稳定的练习姿势。

五、坐姿或仰卧体位

对身体姿势的要求区别于其他姿态,如在仰卧体位,保持练习者的身体五点与练习凳及地面接触,即五点支撑(图 4-2)。

(1) 头部(枕骨)需要固定置于在长凳或靠垫上。
(2) 肩部和上背部要固定且平稳地置于长凳或靠垫上。
(3) 臀部平稳置于长凳或靠垫上。
(4) 右脚平放在地面上。
(5) 左脚平放在地面上。

图 4-2　五点支撑

六、运动的范围和速度

练习时运动的范围覆盖关节的活动范围越大,练习的价值越高。慢速、有控制地重复练习,有助于增加运动的范围,从而实现关节的活动训练。当进行爆发力或快速力量训练时,强调在保证控制的条件下尽量加速。

七、练习中的呼吸技巧

重复练习中最艰难的部分通常发生在离心收缩向向心收缩过渡后不久,这一艰难的时间点称为关键点。体能教练应指导练习者掌握克服关键点困难的呼吸技巧:在整个关键点过程中呼气,在相对轻松的时间段吸气,而在有些情况下练习者要憋气。

有经验的练习者在进行负重结构性练习时常采用 Valsalva 法(图 4-3),以维持脊柱的直立。在呼气时关闭声门,同时腹肌和肋间肌收缩,增加整个躯干的刚性,减少负重对椎间盘的挤压,有助于达到结构练习强调的"平背",保证躯干直立的技术要求。但是腹压上升可能引起眩晕、眼前发黑、高血压甚至无方向感,因此憋气时间不可太长,即使训练有素的练习者也不可憋气超过 2 s。

八、举重保护腰带与保护带的使用

当练习负荷集中在躯干特别是腰部,且负荷接近甚至超过最大重量时,要使用举重保护腰带(图 4-4)。但是,过分频繁地使用举重保护腰带会减少腰腹肌的锻炼机会,在没有腰部负荷的练习中或在腰部负荷不大的练习(后蹲、硬拉)中不要使用举重保护腰带。

保护带有组合式和带状式两类。组合式一般分为两股,一端缝制在一起,或直接与训练手套、训练护腕缝制在一起。带状式保护带一般为足够长度的重弹绷带。在进行增强式或部分快速力量训练中,由手掌或手腕开始缠绕保护带,将手与器械缠绕,成于一体,有助于连续性动作的发挥,同时避免器械脱手,这在一定程度上提高了安全性。

图 4-3　Valsalva 法

图 4-4　举重保护腰带

第三节　自由负重器械的运动技术与保护

通用的器械遵循一定的制造规格,不当尺寸的器械会给练习者造成不便甚至导致损伤。因此,规范的运动技术是练习者进行成功体能训练所必须掌握的。以身高为 1.8 m 的练习者为例,其小腿长往往接近 40 cm,而标准杠铃片直径为 51 cm,离地高度在 20 cm 左右。练习者若没有经过严格训练,在完成提铃离地动作时,易弓腰顶膝,出现错误技术动作。

一、由低至高提铃阶段

练习者在练习中或移动器械中需要将杠铃或哑铃由地面提起,脚和腰的正确姿势有助于利用腿部力量完成此动作。身体要靠近杠铃,平背,躯干挺直,有助于避免因动作引起的腰部损伤。

二、自由重量训练的保护

保护者的工作主要是帮助练习者在练习中避免损伤,激发练习者的训练热情,帮助其完成重复练习。保护者的首要职责是保证练习者的安全,不恰当的保护可能造成练习者甚至保护者本人的严重损伤。

三、需要进行保护的练习

除爆发力练习外,进行自由负重练习时杠铃或哑铃在头上方、肩背上、肩前或脸上方都需要至少一名保护者在场。

四、监护杠铃在头上方、肩背上及肩前的练习

为了保证练习者、保护者以及周围其他人员的安全,此类练习最好在合适的训练区域进行,训练器高度要适中。所有的杠铃片、杠铃锁扣等一律不准放置在练习者活动范围内,以避免练习者撞伤或绊倒;没有参加练习的人员不能在练习区内停留;与练习者身高和体型相当或略高略强壮的保护者才能实施有效的保护(图 4-5)。

图 4-5　监护杠铃在头上方、肩背上及肩前的练习

五、监护哑铃在脸上方运动的练习

哑铃在脸上方的运动如卧推、仰卧推举等。保护者应在练习者两手之间采用变换式握法(图 4-6)握住哑铃。

保护者可以采用变换式握法帮助练习者将哑铃抬离或放置到架子、地板上，避免哑铃滑脱砸到练习者的面部或颈部。在帮助练习者提起较重的器械时，保护者一定要保证双腿站稳，腰部挺直。

在哑铃练习中，保护者一定要尽可能地靠近哑铃，有时甚至要直接扶着哑铃进行协助。部分体能教练在监护哑铃练习时将手置于练习者上臂或肘部，但如果练习者疲劳屈肘，保护者将无法阻止哑铃撞击到练习者脸上或胸部。因此正确的监护技术是保护者双手握住练习者的手腕（图4-7），在某些练习中（如头后弯举）保护者可以将手直接放到哑铃上保护练习者。

图 4-6 监护哑铃在脸上方运动的练习

图 4-7 俯卧位哑铃练习的保护

六、爆发力训练时无需保护

练习者和保护者在爆发力训练中需要学会如何避开失控的器械。例如：杠铃在身体前方失控，练习者应及时推开杠铃或让其自由落地；杠铃在脑后方失控，练习者应及时松开杠铃并向前跳开。鉴于以上原因，在练习前一定要清理举重台周围器物并让其他练习者离开。

七、保护者的数量

根据练习者试举的重量、练习者和保护者的经验与能力、保护者本身的力量来决定保护者的数量。如果试举的重量超过了保护者所能控制的能力，一定要增加保护者数量。另外，如果一名保护者的能力足以保护练习者，就不需要更多的保护者。切记：保护者的数量越多，在实施监护时出错的概率可能也越大。

八、练习者与保护者之间的沟通

练习者与保护者必须沟通。如果练习者在练习开始前没有告诉保护者如何抓握杠铃、如何实施保护、练习的次数为多少、何时将杠铃复位等信息,这时保护者应主动询问这些信息。如果保护者没有掌握这些信息,就不能实施及时有效的保护,可能动作过早、过迟,打乱练习者的练习节奏甚至导致练习者受伤。

九、提铃

提铃泛指将杠铃或哑铃从支架上移动到练习者开始练习时杠铃的位置的过程,是保护和练习的第一阶段,也是最为关键的阶段。通常保护者在练习者直臂时将杠铃或哑铃交到练习者手中,并协助练习者把杠铃或哑铃移动到最佳起始位置。有些练习者要求保护者提供"拿起杠铃或哑铃"的辅助动作,练习者与保护者应事先商量好相关信号。若支架太低或不能调节,通常需要保护者提供"拿起杠铃或哑铃"的辅助。当有两名甚至更多保护者时,需要事先商量相关信号,保护者在完成"拿起杠铃或哑铃"的辅助后,尽快移动到杠铃一端实施保护。无论保护者的数量多少,都要在保证练习者完成练习后,协助将器械归位并要求练习者离开,保护者最后离开。

十、保护的时机和出手的轻重

适当的助力可以提升练习者的能力,激发练习者训练热情,调动练习者继续训练的积极性,而了解练习者需要帮助的时机则需要保护者依靠丰富经验做出判断。大多数练习者通常只要保护者帮助其完成力量不足时的练习动作,有时也需要保护者承担全部的重量。无论何时、何种原因,只要练习者要求帮助,保护者应尽可能快速、平稳地接过杠铃或哑铃,避免练习者的负荷发生突降或突增,在整个过程中练习者应始终握住杠铃或哑铃,直到杠铃或哑铃上架或落地,这样可以有效避免自身和保护者损伤。

第四节 准备工作与个人保护规范流程

准备工作与练习者的个人保护需要体能教练和练习者沟通并共同完成,通常包括以下几个方面。

(1)训练着装:透气性好;要有备用服装;在不同温度下增减训练服装;肩关节、膝关节等处留有宽松移动空间;服装不可过于肥大、拖沓,如七分裤会影响下肢的屈伸;穿着紧身训练服有助于肌肉的活化与动员,但不可紧绷时间过长。

(2)运动鞋:绝大多数的体能训练可以穿中帮或低帮运动鞋,以综合训练鞋为最佳。其他场地建议选取慢跑鞋,增强式训练也宜选取慢跑鞋。

(3)选择合适的个人护具(护腕、护前臂等):高频率地使用个人护具会影响相关肌群的康复与发展,应适当减少体能训练中个人护具的使用;在康复训练之外的训练准备工作中,可酌情对肩关节、膝关节、踝关节、指关节进行贴扎。

(4) 进行自我运动感觉评估:调整训练前饮食,积极完成准备活动,适应训练设施与环境。

(5) 明确训练计划:与体能教练和其他练习者沟通,如确定保护语、训练目标、是否要合作练习,以及训练中能量或营养补充事宜。

(6) 循序渐进进入训练状态:避免在训练一开始就进行不熟悉的练习。

(7) 训练中进行评估与比较,训练后进行整理活动、康复理疗,填写训练信息并归档,为下次训练内容的调整提供依据。

> **思考与练习**
>
> 1. 用最简练的语言,描述体能训练中四类抓握技术的动作特点。
> 2. 根据本章第二节的相关内容,描述五点支撑的技术动作要求。
> 3. 根据本章第四节的相关内容,用自己的语言,描述提铃阶段的动作要点。

第五章　体能测试与评价

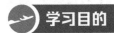 学习目的

了解体能测试对体能训练的积极作用。

熟悉和掌握功能性动作测试的各评价手段，能够应用功能性动作测试进行自身功能性评估。

了解个体体能测试流程与方法，能够运用个体体能测试手段设计体能测试方案。

第一节　体能测试概述

体能测试应以一定的规律不间断地出现在训练过程之中，系统的测试可以客观地反映被试者的各项运动素质发展现状与潜力。与航空安全员体能达标测试不同，航空安全员体能达标测试的目的是通过考核科目评价被试者在一定训练负荷后是否能够达到相应标准，是对能力的检验，而非对被试者体能素质的全面评价。本章所介绍的体能测试能够更全面地反映学生的整体机体能力，能够更准确地发现学生在身体训练中的薄弱环节，是整个体能训练中的重要环节。

测试与评价工作的目的在于获取有效数据信息，采集和分析数据需要经过规划与缜密的推导，由于测试对象不同，数据的获取与分析往往伴随着大量人工成本，在数据分析阶段我们能够依靠相应的软件对数据进行处置和整理，但是数据分析乃至测试与评价仍然是工作的难点。本章将体能测试与评价（素质方面）分为两阶段，明确不同阶段对被试者提出的特定要求，简化和重组测试方法，提供用以对照评价的数据与标准，激发教练员本身对体能测试的重视程度。

第二节　练习者的功能性动作测试

功能性动作测试（functional movement screen，FMS），是目前广泛应用于理疗康复和体能训练领域的一种测试方法，适合各级别的被试者。FMS能够整体评价被试者的身体灵活性、柔韧性、稳定性等，是对传统体能测试方法的一种补充。

FMS通过动作筛查来检测人体运动的对称性，检查身体弱链以及运动局限性。FMS

的主要目的是改变身体运动问题,而不是分析产生问题的原因。

普通的 FMS 共有七项测试,分别为深蹲测试、跨栏架测试、分蹲测试、肩部灵活性测试(向上摸背测试)、主动举腿测试、俯卧撑测试、旋转稳定性测试,具体评分和操作要求可查阅《高水平竞技体能训练》(北京体育大学出版社,2006)功能性筛查部分。

通过借鉴 FMS 的技术动作与标准,结合民航实际工作特点对体能训练提出的测试要求,本部分对民航体能训练的功能性测试技术进行了调整与改良,下面将分别对深蹲测试、直线弓箭步测试、向上摸背测试、头后摸背测试、躯干稳定性的俯卧撑测试、转动稳定性测试六类技术进行介绍。

一、深蹲测试

深蹲测试如图 5-1 所示。

图 5-1　深蹲测试

(一) 目的

(1) 评价髋、膝、踝关节的双侧对称功能活动能力。
(2) 通过上举杠铃杆过顶,测试胸椎和双肩的双侧对称功能活动能力。

(二) 描述

(1) 被试者以双脚间距稍宽于肩宽站立,同时双手握杆。
(2) 被试者肩部肌肉外展,伸展肘部,慢慢下蹲至深蹲位前应尽力保持双足后跟着地,保持面部朝前抬头挺胸,杆保持在头顶以上。
(3) 允许试三次,如果还是不能完成这个动作,在被试者的双足后跟下各垫 5 cm 厚的板子再完成以上动作。

(三)评分

(1) 3分:杠铃杆与双足垂直;躯干与胫骨平行或垂直地面;保持大腿下蹲超过90°;膝盖与同足第2或第3脚趾垂直。

(2) 2分:杠铃杆与双足垂直;躯干与胫骨平行或垂直地面;保持大腿下蹲超过90°;膝盖垂线超过同足第2或第3脚趾。

(3) 1分:胫骨与躯干不平行,同时上肢与地面不垂直;腰部明显弯曲;大腿下蹲不超过90°;膝关节和同足第2或第3脚趾方向不一致。

(4) 0分:测试过程中任何时候,如果被试者感觉身体某部位疼痛,得0分。随后医疗专家要迅速对疼痛部位进行彻底检查。

(四)诊断

(1) 完成深蹲测试,要求与该动作相关的踝、膝、髋关节完成一定的弯曲,同时需要胸椎完成一定的伸展以及肩部的弯曲和伸展。

(2) 测试完成但不理想可能有以下原因:上半身灵活性的限制会影响关节窝或胸椎的灵活程度;髋关节和踝关节背屈程度也影响下肢的灵活性,从而导致测试成绩不佳。

评价被试者骨盆动态稳定性和控制能力的单腿移动测试示意图如图5-2所示。

二、直线弓箭步测试

直线弓箭步测试如图5-3所示。

图5-2 评价被试者骨盆动态稳定性和控制能力的单腿移动测试示意图

图5-3 直线弓箭步

（一）目的

评价髋部的稳定性与活动能力，股四头肌的柔韧性以及膝、踝关节的稳定性。

（二）描述

（1）测试者首先测量被试者胫骨的长度。

（2）被试者左足放在一块 0.3 m×1.2 m 的测试板的末端，在身体后方，将左手置于头上，抓住一根长杆的一端，右手在身后握住长杆的另一端，使杆紧贴头后部、胸椎和骶骨。

（3）从左足尖向前量取与胫骨相同的长度并标记。

（4）被试者右足向前迈出一步，足跟落在标记上，随后下蹲至后膝在前足跟后触板。始终保持双足运动方向指向前方。

（5）允许尝试 3 次来完成测试动作。

（6）如果被试者再次测试，双侧上下肢交换，无论左右方向，取测试的最低得分并记录。

（三）评分

（1）3分：躯干部分基本没有晃动；保持双足处于同一矢状面，踩在测试板上；保持后膝在前足跟后触板。

（2）2分：躯干部分出现晃动；双足没有处于同一矢状面；后膝在前脚跟后面，没有接触板面。

（3）1分：身体失衡。

（4）0分：测试过程中被试者感觉身体某部位疼痛即得 0 分。随后医疗专家要迅速对疼痛部位进行彻底检查。

（四）诊断

（1）完成直线弓箭步测试要求具有很好的髋、膝和踝关节的稳定性，以及髋部外展能力。

（2）同样需要跨步腿的髋部外展能力、踝背屈能力和股直肌的柔韧性；由于测试中重心会压在单侧下肢上，被试者还必须具有很好的平衡能力。

（3）动作完成不佳有很多原因。首先，可能由于两条腿的髋关节活动性差；其次，可能由于后腿踝或膝关节缺乏稳定性；最后，髋关节一侧或双侧的内收肌力量的不平衡也可以导致测试动作完成不佳。

三、向上摸背测试

向上摸背测试如图 5-4 所示。

评价肩关节内旋、后伸及内收能力，向上摸背测试动作完成情况可以很好地反映被试者的肩带综合功能。

被试者取站立位，由下向上一只手手背贴后背部，拇指沿脊柱尽力上摸，记录拇指达到的高度。另一只手完成相同动作，并记录摸到的最高点。

图 5-4　向上摸背测试

（1）3 分：保持正确的队列姿态（双肩、髋、膝及足在一条直线上）；斜方肌放松，保持双肩水平；肩胛骨紧贴躯干（没有摆动）；肩关节和躯干保持在同一垂直平面上。

（2）2 分：保持正确的队列姿态（双肩、髋、膝及足在一条直线上）；斜方肌放松，保持双肩水平；肩胛骨出现摆动或者肩关节和躯干不能保持在同一垂直平面上（肩部向前移动）。

（3）1 分：不能保持正确的队列姿态，上肢前倾；斜方肌紧张，不能保持双肩水平；肩胛骨摆动明显并且肩关节和躯干不能保持在同一垂直平面上，上肢前倾。

（4）0 分：测试过程中被试者感觉身体某部位疼痛即得 0 分。随后医疗专家要迅速对疼痛部位进行彻底检查。

（四）诊断

活动性下降提示肩关节内旋功能下降，这将会导致本区域的做功能力下降。肩不能充分内旋可能会导致运动起始时的做功能力下降，并影响整个上肢动力链。被试者将不得不通过其他途径来代偿这种肩内旋不足，这些途径包括增加躯干侧屈，增加前臂下旋与手腕旋转。被试者出现关节窝和上肢肩胛部位的复合型损伤的可能性也会增加。

四、头后摸背测试

头后摸背测试如图 5-5 所示。

评价肩关节外旋、前屈及外展等综合活动能力。

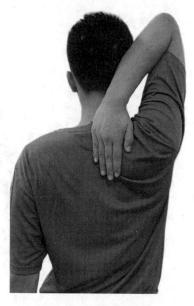

图 5-5 头后摸背测试

(二) 描述

被试者取站立位,由上向下一只手手掌贴后背部,拇指引导沿脊柱尽力下摸,记录拇指达到的最低位置。另一只手完成相同动作,并记录摸到的最低点。

(三) 评分

(1) 3分:保持正确的队列姿态(双肩、髋、膝及足在一条直线上);斜方肌放松,保持双肩水平;肩胛骨紧贴躯干(没有摆动);肩肘关节和躯干保持在同一垂直平面上。

(2) 2分:保持正确的队列姿态(双肩、髋、膝及足在一条直线上);斜方肌放松,保持双肩水平;肩胛骨出现摆动或者肩关节和躯干不在同一垂直平面上(肘前移靠近耳朵,肩前移)。

(3) 1分:无法保持正确的队列姿态,颈部前倾;斜方肌紧张,不能保持双肩水平,肩部耸起;肩胛骨摆动并且肩关节和躯干不在同一垂直平面上(肘前移靠近耳朵,肩前移)。

(4) 0分:测试过程中被试者感觉身体某部位疼痛即得0分。随后医疗专家要迅速对疼痛部位进行彻底检查。

(四) 诊断

(1) 活动性下降将使得被试者不能做出最佳的头后摸背姿势,进而阻碍该区域的肌肉做功。由于不能达到最佳姿势,该区域肌肉收缩受到限制,可能导致爆发力下降。同时它还使得被试者关节窝和上肢肩胛部位受伤的可能性增加。

(2) 通过头后摸背测试可以了解被试者在有肩内旋和外旋的复合动作中的肩部活动

性。关节窝的活动不能孤立发生,它与颈椎、胸椎和肩胛骨的姿势、活动性和稳定性有关,所以测试动作完成不佳可以有多种原因。

(3) 对于经常做过顶投掷运动的被试者,肩外旋能力的增加常常是以内旋能力下降为代价的。过度发展和缩短的胸小肌或背阔肌使得肩关节前侧或周围发生运动姿势的改变。这类被试者经常出现关节窝的不稳定,并且伴随着旋转运动,肩胛部位、肩胛骨处肌肉募集等方面的功能退行性下降;这些因素也会影响测试成绩。还可能出现肩胛骨和胸椎的姿势、活动性和稳定性改变,也会影响到测试表现。

(4) 如果被试者的测试成绩少于 3 分,一定要找到原因。2 分提示微小的姿势改变或者存在缩短。1 分或 0 分说明可能存在胸—肩胛—肱骨功能障碍。

五、躯干稳定性的俯卧撑测试

躯干稳定性的俯卧撑测试如图 5-6 所示。

图 5-6 躯干稳定性的俯卧撑测试

在上肢对称性运动中测试躯干水平面内的稳定性,同时直接测试肩胛骨的稳定性。

(二) 描述

(1) 被试者俯卧,双手分开,距离比肩稍宽。
(2) 双手大拇指与头顶尽量保持在一条直线上,双膝关节尽力伸直。
(3) 腰椎保持自然伸直姿势。
(4) 被试者向上撑起使身体整体抬起,完成动作全过程腰部不可晃动,保持腰椎自然伸直姿势。
(5) 男性被试者如果不能从起始姿势完成此动作,可以将上臂下移使双手大拇指与下颌保持在一条直线上再完成一次撑起动作;女性被试者如果不能从起始姿势完成此动作,可以将上臂下移使双手拇指与锁骨保持在一条直线上再完成一次撑起动作。

（三）评分

（1）3分：从标准俯卧地面姿势开始；双手大拇指与头顶部保持在一条直线上，男性被试者完成一次撑起动作，全过程保持腰椎自然伸直姿势；双手拇指与下颌保持在一条直线上，女性被试者完成一次撑起动作，全过程保持腰椎自然伸直姿势。

（2）2分：标准俯卧地面姿势，但在开始测试前被试者已经稍抬起躯干；男性被试者双手大拇指与头顶保持在一条直线上，完成一次撑起动作，全过程保持腰椎自然伸直姿势；女性被试者双手拇指与下颌保持在一条直线上，完成一次撑起动作，全过程保持腰椎自然伸直姿势。

（3）1分：男性被试者在上臂下移的情况下勉强完成一次撑起动作；女性被试者在上臂下移的情况下勉强完成一次撑起动作；不能在全过程中保持腰椎自然伸直姿势（即使重复地完成标准动作）。

（4）0分：测试过程中被试者感觉身体某部位疼痛即得0分。随后医疗专家要迅速对疼痛部位进行彻底检查。

（四）诊断

完成测试动作需要在上肢对称性活动中保持躯干矢状面上的稳定性。如果不能充分控制躯干的稳定性，运动能量就会消散，从而导致功能表现水平下降，同时被试者出现损伤的可能性也会增加。

六、转动稳定性测试

转动稳定性测试如图5-7所示。

（一）目的

转动稳定性可以在上下肢联合运动的同时，测试躯干的多个方面的稳定性。

图5-7 转动稳定性测试

（二）描述

（1）被试者四肢撑地，肩部与躯干上方和髋部成90°，膝和躯干下方垂直，足背屈。
（2）腰椎保持自然伸直姿势。
（3）将一块0.3 m×1.2 m的测试板放在身体下方，使手与膝都可以触到测试板。
（4）被试者屈肩，同时后伸同侧髋与膝关节，抬起手和腿离地约15 cm。抬起的手、肘和膝必须与测试板在一条直线上。躯干保持在与测试板平行的水平面内。全过程保持腰椎自然伸直姿势。
（5）被试者肘与膝在平面内屈曲靠拢，要求肘触及膝。

（6）被试者可以有3次机会。

（7）如果被试者得分在3分以下，要求其用对角的方式完成测试动作；被试者换用对侧肢体完成相同测试动作，记录最低得分。

（三）评分

（1）3分：被试者躯干与地面平行，手、肘、膝与测试板在同一直线上。

（2）2分：被试者能以对角的形式完成标准测试动作，同时保持躯干与测试板和地面平行。

（3）1分：被试者不能以对角的形式完成测试动作。

（4）0分：测试过程中被试者感觉身体某部位疼痛即得0分。随后医疗专家要迅速对疼痛部位进行彻底检查。

（四）意义

（1）完成测试动作需要在上下肢活动过程中保持躯干水平面上以及旋转时的平面上的稳定性。如果不能充分控制躯干的稳定性，可能会导致功能表现水平下降，同时被试者出现损伤的可能性增加。

（2）测试动作完成不佳可能与躯干的非对称稳定性较差有关。

第三节　素质能力评价

一、皮褶厚度测量

下面以大腿和肱三头肌处皮褶厚度为例进行测量。

（一）设备

皮褶卡尺；标记笔。

（二）人员

一名测试者/记录者。

（三）测量过程

（1）需要测量的皮肤要保持干燥，在运动前测量，保证最大的可靠性和有效性。

(2) 利用大拇指和食指牢固地抓起皮肤和皮下脂肪,形成一个皱褶。
(3) 调整皮褶卡尺长针。
(4) 松开皮褶夹,将皮褶夹夹住皮肤。
(5) 在夹住的 1~2 s 后读出刻度值,精确到 0.5 mm。
(6) 连续进行两次测量,直到误差小于 10%,取平均值,精确到 0.5 mm。
① 大腿:在髋关节和膝关节的中间位置,大腿前的垂直皮褶。
② 肱三头肌:在上臂中间,肩峰与尺骨鹰嘴连线的中间部位,手臂处于伸肘放松状态。

二、坐位体前屈测试

坐位体前屈测试如图 5-8 所示。

图 5-8 坐位体前屈

(一) 设备

地垫;坐位体前屈测试台。

(二) 人员

一名测试者/记录者。

(三) 测试过程

(1) 测试前,被试者要进行背阔肌和腘绳肌的拉伸,避免弹震性运动。
(2) 被试者脱鞋坐在坐位体前屈测试垫上,两脚抵住测试台。
(3) 膝关节伸直,全力向前触碰仪器并坚持 1 s。
(4) 取 3 次测试中的最好成绩为最终成绩,精确到 1 cm。

三、六角形测试（灵敏协调）

（一）设备

与地面颜色反差明显的胶带；测量卷尺；秒表；平坦的地面。

（二）人员

一名计时者，一名边线裁判。

（三）测试过程

（1）将胶带在地面上围成六边形，每边 60 cm，每个角度为 120°。

（2）被试者测试前要做准备活动，采用次最大速度热身。

（3）测试时，被试者站在六边形的中间。

（4）听到信号后，被试者按照顺时针方向，双脚从中心跳到每个边上，再跳回中心，沿六角形每边跳跃，来回跳跃 3 圈（3 圈共 18 次），最后被试者回到中心。

（5）整个测试过程中，被试者始终面对同一方向。

（6）若被试者落在六边形边线内，没有超过边线，或失去平衡出现多余的步数，或改变面对的方向，则需要充足休息后重新开始。

（7）取 3 次测试中的最好成绩为最终成绩，精确到 0.1 s。

四、原地纵跳测试（爆发力）

原地纵跳测试（爆发力）如图 5-9 所示。

（一）设备

墙壁平滑，天花板的高度超过被试者的最高高度（或者使用摸高器、跳跃测试台）；摩擦力大的地面；不同颜色的粉末；长棍。

（二）人员

一名测试者/记录者。

（三）测试过程

（1）测试者调整摸高器的高度；被试者站立时

图 5-9　原地纵跳

优势手上举可触碰最高的滑片;测得站立时所能触及的最高高度为第一高度。

(2) 测试者升起滑片;被试者没有任何多余动作,快速屈膝屈髋做反向纵跳动作,躯干上下移动,手臂向后摆动;纵跳过程中,优势手手指上伸,非优势手手臂相对身体向下。

(3) 在跳起的最高点,被试者用优势手手指尽可能高地碰到滑片;最终成绩为起跳最高高度与第一高度之间的距离。

(4) 进行3次测试,取最好成绩,精确到1 cm。

五、最大垂直起跳高度测试(爆发力)

墙壁平滑,天花板的高度超过被试者的最大高度(或者使用摸高器、跳跃测试台);具有很好摩擦力的地面;不同颜色的粉末;长棍。

一名测试者/记录者。

(1) 测试者调整摸高器的高度;被试者站立时优势手上举可触碰最高的滑片;测得站立时所能触及的最高高度为第一高度。

(2) 被试者在规定距离内(如罚球线到底线)用尽可能多的步伐助跑,可以采取双脚或单脚起跳。

(3) 进行3次测试,取最好成绩,精确到1 cm。

六、最大重复次数卧推测试(慢速力量)

卧推架;杠铃与负重片;保护螺栓或保护卡。

一名测试者/记录者;一名或两名保护者。

（三）测试过程

（1）被试者在测试前进行热身，采用 1 RM（一次重复的最大力量）的 50%～60% 进行积极性准备。

（2）杠铃配重，配置合适重量（根据被试者自身情况而定，男性一般为 85～90 kg，女性为 50 kg）。

（3）被试者保持五点支撑，测试过程中不可弓腰借力，不可双脚离地。

（4）每名被试者测试一次，记录最多重复次数。

思考与练习

1. 功能性动作测试的定义与分类是什么？能够运用功能动作测试，检查自身功能性体能水平。

2. 根据第三节相关内容，结合自身体能素质水平，选取体能测试手段，设计并实施个体体能测试方案。

第六章　柔韧性与热身活动、整理活动

了解准备活动的三阶段及各阶段的设计目的。
熟悉拉伸法的分类与操作原则。
掌握准备活动的运动技术、熟悉整理活动的运动技术，能够做到熟练运用。

第一节　概述

本章主要涉及柔韧性、热身活动与整理活动方面内容。柔韧性训练是练习者体能训练的关键环节，通过不同形式的伸展（牵伸/牵拉）训练形式，增加关节活动度与肌肉弹性。热身活动和整理活动在内容和形式上趋于统一，能够提高运动能力和降低运动损伤的风险，但是在训练方法和目的上两者各有差异。现代体能训练的准备活动已细分为一般性准备活动、功能动作准备活动、专项准备活动三阶段。

一、一般性准备活动

一般性准备活动包括静态拉伸，5～10 min 的慢跑或跳跃，有选择性、低强度的专项活动（如打军体拳）等。本阶段的任务是提高心率、血流量、肌肉温度、呼吸频率以及出汗率，降低关节、肌肉黏滞度。

二、功能动作准备活动

功能动作准备活动是衔接一般性准备活动与专项准备活动的关键部分。与一般性准备活动相比，功能动作准备活动的技术更贴近运动技术，强调运动链的整体性。以核心训练和对抗性的准备动作形式为特点，技术的运动强度较高，可有效衔接专项准备活动。

三、专项准备活动

专项准备活动是与专项技术或者考核科目直接相关的热身练习活动，包括 10～12 min 的动态拉伸，若干组短时、短距离的跳跃以及冲刺练习。高强度的专项准备活动有助于缩短练习者进入训练状态的时间,有助于降低运动性损伤的发生概率。

准备活动应循序渐进,在不引起疲劳和能量过度消耗的前提下,保证充分的活动强度以提高肌肉温度。同时,选取合理、可行的准备活动技术动作,尽可能增强准备活动的专项性特征,符合练习者的个性化需求并满足专项训练竞赛的环境需要。

第二节 柔韧性及伸展训练要求

任何体能训练的技术动作都有其合理的柔韧性范围,较少或过量的柔韧性训练都可能导致运动性损伤;柔韧性改善关节活动度的效果是短暂的,柔韧性在伸展训练后的即刻效果最好,随后开始降低,持续时间从 3 min 到 24 h 不等。对于要长期保持柔韧素质水平的练习者,需制订有效的伸展训练计划。每周 2 次,最短为期 5 周的伸展训练可以提高柔韧性。在柔韧性训练过程中,神经血管受到牵拉,感觉丧失或放射痛的练习者,应当给予指导与监护。

理想的伸展训练时间段应为训练或考核之前,在一般性准备活动之前进行伸展训练,提高肌肉温度,降低结缔组织黏滞性;训练与考核之后肌肉温度升高,此时拉伸可以改善关节活动度。训练后拉伸 5~10 min,促使局部温度升高,增加肌肉和肌腱的胶原纤维弹性,提升伸展幅度,减缓延迟性肌肉酸痛症状,PNF 拉伸和静力拉伸可作为适宜的训练手段;若需提升练习者的柔韧性,将伸展训练作为单独训练单元是必要的,伸展训练应紧接在一般性准备活动结束后,或者安排于考核日后或隔日。

第三节 拉伸法

现代体能训练中的拉伸法分为静力拉伸、弹性拉伸、PNF 拉伸和动态拉伸。每种方法都有各自的特点,在体能训练过程中,适宜的拉伸法非常重要。

一、静力拉伸

静态拉伸的适宜时间是 15~30 s,静态拉伸要保持同一个姿势,以缓慢的动作牵拉软组织,可能伴随轻度的不适感,以不产生疼痛为准,不可损害关节结构整体性。根据运动形式,静力拉伸可分为主动性与被动性两类:主动性静力拉伸指练习者依靠保持跨关节肌群的最大延展性从而提高肌肉的柔韧性;被动性静力拉伸则依靠外界力量达到拉伸的目的。

二、弹性拉伸

弹性拉伸指以较快节奏多次重复同一动作的方式练习,特点为通过节奏控制动作、多次重复单一动作。弹性拉伸的缺点为耗能多、软组织易拉伤、运动强度大,易产生疲劳。

三、PNF 拉伸

PNF 是指本体感神经肌肉易化法，源于康复医疗技术，通过不同操作手段对肌梭与腱梭进行交互性刺激，在柔韧性的提高上具有显著功效。PNF 拉伸常常需要同伴配合，包含被动和主动（向心和等长）肌肉活动，每个技巧包括被动、静态伸展，全程包括撑住—放松、收缩—放松、主动肌收缩时撑住—放松，三个部分均在第一阶段开始前有 10 s 的被动预伸展。

（一）撑住—放松

开始时做被动预伸展，在第一个轻度不适位置保持 10 s。同伴施加压力并提示"撑住，不要让我移动你（某具体肢体）"。练习者撑住并对抗阻力，此时采用等长收缩并保持 6 s。然后练习者放松，再次被动伸展并保持 30 s（被动静态伸展）。最后的伸展应在满足自主抑制条件下达到最大运动幅度。

（二）收缩—放松

被动预伸展到轻度不适位置时保持 10 s。然后练习者在达到最大关节运动幅度同时抵抗同伴阻力，主动收缩被拉长的肌肉，随后练习者放松，接着被动伸展并保持 30 s。

（三）主动肌收缩时撑住—放松

主动肌收缩时撑住—放松不同于撑住—放松练习。在第三阶段，除了被动伸展，还增加了主动肌的向心动作。在等长收缩时练习者主动加大关节活动度，通过交互抑制与自主抑制，接连激活主动肌与拮抗肌，达到更高强度的伸展效果，因此可以被认为是最有效的 PNF 技术。

更为详细的 PNF 技术可参考《易化牵伸术——简便易学的 PNF 牵伸及力量训练》（人民体育出版社，2010）。

四、动态拉伸

与弹性拉伸不同，动态拉伸在原地或在给定的距离之内将技术动作重复 5～10 次；每次重复中逐渐加大关节活动度；在适当时机提高动作速度；在关节活动运动中收缩肌肉。动态拉伸的特点是渐进性地增加运动强度，技术动作随时都处于可控中，不追求额外的关节活动度。

第四节　准备活动及整理活动的技术应用

本部分选取准备活动(包括一般性准备、功能动作准备与专项准备活动)及整理活动中的经典技术动作,按照整体训练的思路,依据准备活动及整理活动的特性(远心端过渡到近心端)进行介绍。在整理活动中,介绍了泡沫轴、虎尾棒等工具的应用方法。

一、一般性准备活动

(一) 头颈部的拉伸(颈部左右上下移动)(图6-1)

图6-1　头颈部的拉伸

(1) 直立或取坐位,头颈保持正直。
(2) 转头向右,向心收缩,运动中双眼保持平视。
(3) 转头向左,向心收缩,运动中双眼保持平视。
(4) 低头目视地面,屈颈使下颌尽可能触及胸部。
(5) 抬头伸颈,头部尽可能后仰。
动用肌群:胸锁乳突肌、枕下肌。
动作形式:以动态拉伸为主。当达到最大关节活动度时,可进行短时静态拉伸。

(二) 肩背部的拉伸

1　伸臂摇摆(图6-2)

(1) 直立,抬臂至肩高,平行于地面。

(2) 步行一定距离后,双臂同时向右侧水平摆动,左臂置于胸前,左手的手指置于右肩侧,右臂摆至身体的后侧。
(3) 立即做反向动作,向左侧摆臂。
(4) 动作仅仅发生在肩关节,保持躯干稳定,双眼目视前方。
(5) 交替左右两侧协同摆臂。

动用肌群:背阔肌、大圆肌、三角肌前部和后部、胸大肌。

动作形式:以动态拉伸为主。

2 屈臂侧弯(图6-3)

(1) 直立,双脚略宽于肩。
(2) 左右肘屈曲,上举过头顶。
(3) 两手互相抓住对侧肘关节。
(4) 两手交替在头后向对侧方向拉肘。
(5) 保持手臂弯曲,腰部伴随手部的交替用力左右倾斜。

动用肌群:外斜肌、背阔肌、前锯肌、肱三头肌。

动作形式:以动态拉伸为主。当达到最大关节活动度时,可进行短时静态拉伸。

图6-2 伸臂摇摆

图6-3 屈臂侧弯

3 手臂绕环(图6-4)

(1) 直立,双脚分开,两臂侧平举。
(2) 两前臂引领上臂内旋。
(3) 若干次后,做反向动作。
(4) 保持躯干、下肢稳定直立,每次旋转的幅度应加大,且速度逐渐变快。

图 6-4 手臂绕环

动用肌群：三角肌中部、肱桡肌、桡侧腕屈肌、桡侧腕伸肌。
动作形式：以动态拉伸为主。

（三）髋关节与下肢的拉伸

1 蝴蝶横叉（图 6-5）

（1）动作：练习者仰卧，双腿向身体两侧自然分开，两脚掌相对，两脚跟尽量向髋部靠近，双手置于膝盖，协助向下用力。

（2）肌肉：①主要：内收肌群；②次要：缝匠肌。

（3）注意：关注内收肌群的紧张程度，控制重心，避免双手用力不均，还应避免腰部上抬，练习中应始终保持腰背部垂直于垫上。

2 仰卧屈膝/直膝转髋（图 6-6）

（1）动作：练习者仰卧，左腿交叉于身体右侧，躯干和左腿呈反方向扭转。

（2）肌肉：①主要：回旋肌、阔筋膜张肌、髂胫束；②次要：腹斜肌。

图 6-5 蝴蝶横叉

（3）注意：根据练习者柔韧性选择屈膝或直膝以减少或增加牵张强度。

3 跪姿牵拉大腿（图 6-7）

（1）动作：单膝跪垫，双腿前后分开，前腿与地面成 90°。一只手持握后脚踝，将足部逐渐拉向身体。

（2）肌肉：①主要：股四头肌；②次要：髂腰肌。

（3）注意：手持握同侧脚，挺胸拔腰，胸部向前主动送出，髋部主动前顶。

图 6-6　仰卧屈膝/直膝转髋

图 6-7　跪姿牵拉大腿

4 **仰卧抱腿屈髋**(图 6-8)

图 6-8　仰卧抱腿屈髋

(1) 动作：练习者仰卧，腿自然伸直。缓慢抬起一侧腿，在膝微屈、踝关节自然的状态下压腿屈髋，逐步将大腿贴近胸部。

(2) 肌肉：①主要：股后肌群、臀大肌、腓肠肌；②次要：竖脊肌。

（3）注意：练习者主动将腿靠近胸部以增加牵张强度。

5 仰卧直腿屈髋（图6-9）

（1）动作：练习者仰卧，单脚套橡皮带直腿屈髋，双手持握橡皮带缓慢牵引腿部靠近胸前。

（2）肌肉：股后肌群、腓肠肌。

（3）注意：牵拉过程中保证膝关节伸直，保持橡皮带强度。

（4）改良：通过足部外翻、内翻可锻炼踝关节处肌力，增强踝关节处肌肉的本体反应。

图6-9 仰卧直腿屈髋

6 俯卧拉伸梨状肌（图6-10）

（1）动作：练习者俯卧，一条腿屈膝，另一条腿向后伸直，双手撑地；躯干主动前倾，牵拉梨状肌。

（2）目标肌群：梨状肌。

图6-10 俯卧拉伸梨状肌

(四）手腕的屈伸以及脚踝的跖屈和背伸

通过手腕与脚踝关节的屈伸，辅助关节环转等动作进行准备。

二、功能动作准备活动

（一）蠕动拉伸（图 6-11）

(1) 直立，双脚与肩同宽。
(2) 慢慢屈膝，向前屈腰，双手同肩宽平撑于地面。
(3) 重心在身后（重心不可直接移至手上），臀部上拔，身体呈倒"V"形。
(4) 交替移动双手向前，直到身体呈俯卧撑式位置。
(5) 向手的位置小步挪腿，保持膝关节微屈。
动用肌群：竖脊肌、腓肠肌、臀大肌、腘绳肌、比目鱼肌、胫骨前肌。

图 6-11 蠕动拉伸

（二）走步抬膝（扳腿）（图 6-12）

(1) 直立，双脚平行，同肩宽。
(2) 左腿向前迈，屈右髋和右膝，提右大腿。
(3) 抱住右膝前部/胫骨上部，使右膝尽量向上，挤压大腿向胸部贴近；或以左手抓右脚踝上抬，右手下按右膝。
(4) 右脚背屈。
(5) 直立，稍停，以右脚迈步着地。
(6) 交替重心腿，以左腿重复以上动作。

（7）向前的每一步，需要逐渐提高速度和关节活动度。

动用肌群：臀大肌、腘绳肌。

图 6-12　走步抬膝（扳腿）

（三）弓箭步转腰（图 6-13）

（1）直立，双脚平行，同肩宽。
（2）右腿向前跨一大步，脚尖指向前方。
（3）右髋右膝慢慢弯曲，使右膝处于右脚正上方。
（4）微屈左膝，降低至离地 3～5 cm。
（5）左臂向上伸，并向右侧弯曲躯干。
（6）回到躯干直立位，然后通过伸展右髋右膝推地。
（7）向右脚方向抬起左脚，身体保持稳定。
（8）直立，稍停，然后迈左脚，重复以上步骤，并逐渐加大幅度。

动用肌群：臀大肌、腘绳肌、梨状肌、背阔肌、腹内斜肌、腹外斜肌、腹直肌。

（四）直腿俯身伸臂（图 6-14）

（1）直立，呈向前或向后行走姿势。
（2）左腿后摆，右腿伸直保持支撑与平衡。

图 6-13　弓箭步转腰

（3）躯干前倾平行于地面，左腿伸直绷脚尖，脚跟与臀、背保持一条直线。

（4）慢慢向左右水平或向前打开双臂或伸直双臂，手与肩、背保持相同高度。
（5）达到最大伸展幅度后，肢体缓慢收回，左脚着地呈直立位。
（6）直立，稍停，然后右脚后摆，重复以上动作。
动用肌群：臀大肌、腘绳肌。

图 6-14　直腿俯身伸臂

（五）分腿下蹲与对抗（图 6-15）

（1）直立，双脚分开同肩宽或宽于肩，双手空抱拳置于头面部前。
（2）同伴将手置于练习者右侧肩、肘部位，突然用力推动。
（3）练习者被推动的同时，左腿迅速左跨，伴随右腿屈曲，完成分腿下蹲动作。
（4）下蹲，膝关节不超过脚尖，迅速回位。
（5）左右侧交替进行。
（6）整体过程中上肢保持握空拳置于胸前。

图 6-15　分腿下蹲与对抗

（六）分腿弓箭步与对抗（图6-16）

（1）直立,呈向前或行走姿势。
（2）同伴将手置于练习者上背部,突然用力向前推动。
（3）练习者被推动的同时,左腿迅速前跨,伴随右腿屈曲,完成弓箭步动作。
（4）下蹲,左膝关节不超过脚尖,迅速回位。
（5）左右侧交替进行。
（6）整体过程中上肢保持左右水平伸展。

图 6-16　分腿弓箭步与对抗

（七）肘固定的上臂与肩关节旋转（图6-17）

（1）直立,双脚分开,两臂侧平举。
（2）两前臂内收与上臂保持90°角,掌心向下。
（3）肩部主动外旋,两前臂向上并向后旋转,保持肘关节90°并与肩平行。
（4）放松、稍停,恢复到准备姿势,做反向动作。
（5）外旋结束后,放松、稍停,恢复到准备姿势。
（6）两前臂尽力向下旋转。
（7）放松、稍停,恢复到准备姿势,做反向动作。
动用肌群：三角肌、肱桡肌、肱二头肌、肱三头肌、大圆肌。

图 6-17　肘固定的上臂与肩关节旋转

（八）肘撑屈膝团身

双臂屈肘与肩同宽,双腿屈膝以足尖为支撑,收腹团身。膝盖与地面保持 1 cm 距离。
低头收腹缩臀,保持膝盖与地面的距离。

（九）仰卧挺身

仰卧于垫上,双臂自然外展,双腿屈膝并拢。以肩胛骨及双脚为支点,髋关节主动上抬并保持该姿位。逐渐减小双臂外展幅度以提高躯干稳定的难度。

（十）俯卧超人四肢交换

双臂屈肘与肩同宽,双腿并拢屈膝,以双手、双膝为支点俯撑于垫上。异侧手臂与腿交换做超人动作。
腰背部保持水平以检验动作的稳定程度。

三、专项准备活动

（一）下肢交叉左右移动（图 6-18）

（1）下蹲,双脚分开,双手放松置于髋关节。

（2）右腿屈膝向左前斜向移动，身体重心向左侧移动。

（3）至最大活动范围后，两腿保持下蹲姿势。

（4）放松、稍停，恢复到准备姿势，做反向动作。

（二）橡皮带抗阻左右移动（图6-19）

（1）下蹲，双脚分开，双手放松置于髋关节。

（2）根据强度要求，橡皮带可佩戴于脚踝、小腿、膝关节、大腿处。

（3）右腿向右侧移动，带动左腿同时右移，上肢保持直立，避免借力。

（4）放松、稍停，恢复到准备姿势，做反向动作。

单腿橡皮带抗阻如图6-20所示。

图6-18　下肢交叉左右移动

图6-19　橡皮带抗阻左右移动

图6-20　单腿橡皮带抗阻

（三）上下行走（图6-21）

（1）直立，双脚平行，同肩宽。

（2）屈左髋左膝，外展左大腿直至平行于地面。

（3）向左横迈入跨栏动作。

（4）左脚平稳置于地面，重心移至左腿，直立，稍停，像跨栏一样提起右脚。

（5）右脚平稳置于地面，直立，稍停，屈髋屈膝，背屈踝关节（翘脚尖），呈全蹲姿势。

（6）侧向伸展左腿，如同做侧弓箭步。

（7）保持身体低重心，身体横移低头弯腰通过想象中的栏架一样。

（8）直立，稍停，反方向重复以上动作。

动用肌群：髋内收肌、髋外展肌、腓肠肌、臀大肌、腘绳肌、梨状肌、股直肌、比目鱼肌。

图 6-21　上下行走

（四）跟尖行走（图 6-22）

（1）直立，双脚平行，同肩宽。
（2）右脚先前进一小步，脚跟先着地而后右脚背屈（垫起）。
（3）重心通过脚跟向脚尖移动，且重心逐渐提升。
（4）摆动左腿迈步，左腿重复以上动作。
（5）每个步子需要逐渐增加幅度。

动用肌群：腓肠肌、比目鱼肌、胫骨前肌。

（五）信号启动（图 6-23）

（1）直立，双脚平行，同肩宽。
（2）听到信号后，右腿迅速向左提膝。
（3）同时左腿蹬地，完成连续右腿提膝移动。
（4）听到信号后回到起始位置。
（5）直立，稍停，反方向重复以上动作。

四、整理活动

在整理活动中，通过使用泡沫轴、虎尾棒等工具辅助拉伸，改善特定区域的血液循环，降低肌肉筋膜紧张程度，帮助淋巴液排出，达到降低肌肉黏滞性、降低延迟性肌肉酸痛、促进机体恢复的效果（图 6-24）。

图 6-22　跟尖行走　　　　　图 6-23　信号启动

图 6-24　采用泡沫轴、虎尾棒等整理放松

> **思考与练习**
>
> 1. 请用最简练的语言,描述四类拉伸法的运动技术特点。
> 2. 根据本章内容,选取两个能够同时锻炼髋关节和膝关节的运动技术动作,详细描述动作实施过程。
> 3. 根据第四节相关内容,结合自身体能素质水平,选取适宜运动技术,设计准备活动方案。

第七章 力量训练

掌握抗阻训练的设计流程和训练要点。
掌握力量训练的负荷与休息比例。
掌握胸背部、肩带部、腰臀部与下肢的力量训练运动技术和保护技术。
了解增强式训练及其运动技术的实施要点。

第一节 抗阻训练计划的设计

一、需求与评估

(一) 评估运动技术

(1) 动作分析：躯干与肢体的动作模式及参与肌群。
(2) 生理分析：发展肌力、爆发力、肌肉选择性肥大与肌耐力的优先次序。
(3) 伤病分析：受伤的关节与肌肉部位，以及形成的原因。
(4) 其他特征：如所需的心肺功能、速度、灵敏与柔韧性等。

(二) 评估练习者

对练习者建档，在评估训练与受伤状态、进行系列测试、评估测试结果后，制定主要训练目标，确定练习者阶段性训练的重点与目标。

(三) 评价训练状态

制订训练计划时，练习者目前的体能状况、受伤情况、已达到的训练程度都是重要的考虑方面。评估练习者的训练背景或训练经验，有助于体能教练更加准确地了解练习者的个体特性，这些评估应包括：训练计划的形式（如增强训练、冲刺训练、抗阻训练等）；最近一次正式训练的周期计划;前一训练周期的训练强度;是否正确掌握抗阻训练技术动作的知识与技术。

抗阻训练计划的评估分类如表 7-1 所示。

表 7-1 抗阻训练计划的评估分类

训练状态	目前计划	训练年限	训练频率/周	技术经验
初级(未经训练)	无或刚开始	小于 2 个月	不多于 2 次	无或很少
中级(中等训练)	有训练	2~6 个月	不多于 3 次	基础
高级(充分训练)	有训练	一年以上	3 次以上	高级

二、体能测试与评估

体能测试包括肌力、柔韧性、爆发力、速度、肌耐力、身体成分与心肺耐力等的测试。为取得信度与效度较高的资料,选择的测试必须与专项运动有关,与练习者的技术水平相匹配,并且考虑可以使用的设施条件(参见"第五章 体能测试与评价"部分)。

三、抗阻训练的主要目标

抗阻训练的主要目标是由练习者的体能测试结果、专项运动的动作与生理分析结果以及运动季节的优先重点所决定。总体来说,抗阻训练的主要目标是改善肌力、爆发力、肌肉选择性肥大或肌耐力。虽然训练中可能计划改善两种甚至更多的素质,但在每一个训练单元仍应以专注其中一项素质为宜。

第二节 抗阻训练动作的选择

一、训练动作形式

(一)核心训练动作与辅助训练动作

依据参与肌群的大小及对于技术动作的贡献程度,将抗阻训练动作分为核心与辅助两类。核心训练动作(与核心肌群训练概念完全不同,勿混淆)利用一种或一种以上的大肌群(胸、肩、背、臀、大腿等),包含两个或两个以上的主要关节(多关节动作),可以直接应用于专项运动,为优先选择动作;辅助训练动作通常利用单一肌群(肱二头肌、肱三头肌、腹肌、腓肠肌、斜方肌、胫骨前肌),只包含一个主要关节(单关节动作)。

一般而言,在将抗组训练动作分为核心训练动作和辅助训练动作时,将肩部的所有关节、脊柱视为单一的主要关节;辅助训练动作常受限于特殊肌肉或肌群,应用于运动伤害的预防与康复。

(二)结构性训练动作与爆发性训练动作

强调直接或间接对脊柱施加负荷的核心训练动作,称为结构性训练动作;非常快速地进行结构性训练动作,称为爆发性训练动作。

二、专项运动的动作分析

(一)专项性训练

训练动作与专项动作或考核动作越相似,运动训练经验的正向迁移可能越高。例如:2 min 抱头蹲起动作的主要参与肌群是臀部肌群与伸膝肌群,这些肌群都可以采用坐蹬或后蹲加以训练,考虑到这个动作有维持直立姿势平衡和负载体重的特性,因而后蹲较符合考核科目的专项动作特征,所以采用后蹲比坐蹬更为理想;再者,高翻具有动作快速的特点,又比后蹲更接近练习者的技术使用,如果做优先选择,则高翻更为理想。

1 专项抗阻训练动作(表7-2)

表7-2 专项抗阻训练动作

动作模式	相关训练动作
推与拉	窄握推举、哑铃卧推、俯卧伸肘、反向卷曲、髋关节环转
蹲与跳	高翻、挺举、后蹲、前蹲、提踵
冲刺	弓箭步、爬楼梯、伸膝屈膝、足背屈

2 训练动作选择标准与应用(表7-3)

表7-3 训练动作选择标准与应用

	动作模式	应用
核心训练动作	高翻	全身爆发性(适合跳跃动作)
	上举	全身爆发性(适合跳跃动作)
	前蹲跳	臀部、大腿
	斜板推举	胸部

续表

动作模式		应用
辅助训练动作	收腹举腿	腹部
	坐姿划船	上背
	哑铃外展	上臂前侧
	俯卧撑	上臂后侧

（二）肌肉平衡

选取专项训练动作同时，应考虑维持关节两端、拮抗肌与协同肌的平衡发展。避免因主动肌与拮抗肌的发展不对称而受伤。一旦发现肌力不均，应选用可使肌力恢复平衡的训练动作，使肌肉或肌群之间的肌力、爆发力或肌耐力指标保持适当的比例。

三、动作技术经验

若对练习者是否能以正确的技术执行训练动作存有疑虑，体能教练应要求练习者试做该动作并给予充分指导。对于技术尚未成熟的练习者，建议采用器械力量训练，或使用自由负重训练作为辅助训练。前者对平衡与协调性要求较低，相对于核心训练动作而言，较为容易实施，安全性也更高一些（器械训练详见"第四章 器械的正确使用与个人保护"）。

四、抗阻训练设备

进行抗阻训练时，必须考虑可用的训练设备。如缺乏某项设备，就有可能被迫选用不符合专项运动特性的训练动作（详见"第四章 器械的正确使用与个人保护"）。缺乏经验或者处于非赛季的训练者可以采用弹力带、药球或其他体能训练设备（图7-1）进行结构性训练，以增加运动经验或减少伤病和疲劳对机体的影响。

图7-1 弹力带、药球等体能训练设备

五、训练课时间

体能教练必须衡量训练动作的消耗时间与价值。有的训练动作耗时较长，如果训练课可用的时间有限，就应优先考虑时间效益较高的训练动作。对于需要大量时间的训练手段，可以在额外时间布置练习。

第三节　训练频率

训练频率是指在一定时期内完成的训练课次数。体能教练必须考虑练习者的训练状态、运动季节、训练负荷、训练动作形式以及目前同时进行的其他训练或活动来决定训练频率。

训练频率与训练状况如表 7-4 所示。

表 7-4　训练频率与训练状况

训练状况	频率准则/(次/周)
初级	2～3
中级	3～4
高级	4～7

针对相同肌群实施训练,训练课安排的一般准则是在两次训练课之间至少休息或恢复一天,但是不得超过 3 天。抗阻训练经验较高的练习者,可以采用分隔法在不同天训练不同肌群,以增加训练次数。将针对身体某些部位或肌群的训练动作组合成训练组,可以帮助练习者在两次训练内容相似的课程之间获得更充分的休息。

周抗阻训练安排(分隔法)如表 7-5 所示。

表 7-5　周抗阻训练安排(分隔法)

训练日	训练的身体肌群/部位	周日	周一	周二	周三	周四	周五	周六	总训练频率
1	下身								
2	上身	休息	下身	上身	休息	下身	上身	休息	每周 4 次
1	胸、肩、肱三头肌								
2	下身								
3	背、斜方肌、肱二头肌	休息	胸、肩/三头肌	下身	背/斜方肌/二头肌	休息	胸、肩/三头肌	下身	每周 5 次
1	胸部与背部								
2	下身								
3	肩、臂	肩、臂	胸、背	下身	肩、臂	休息	胸、背	下身	肩、臂	每周 6 次

第四节 训练程序

一、训练安排

训练课开始部分安排爆发性训练动作,紧接其他非爆发性核心训练动作,最后是辅助训练动作。如果没有安排爆发性训练动作,建议先安排核心训练动作再辅助训练动作。

二、上下身的交替

上下身的交替能够使练习者在两个训练动作之间获得更充分的恢复。这种训练方法对初级训练者非常有用;若训练时间有限,交替训练可以将训练动作之间的休息时间压缩到最短,而将身体相同部位训练之间的休息时长增加到最长;若各个训练动作是以最短休息时间(20~30 s)连续进行,亦可称为循环训练,对于心肺功能的改善有所裨益。

三、推与拉的交替练习

连续的两个或两组训练动作应避免耗竭相同的肌群,这对于肌群的协调发展和肌肉力量的平衡能够起到积极作用;推与拉的交替动作也可以应用于循环训练,对于初学者或康复训练者,推与拉的交替也是理想的训练方法。

四、超级组和组合组

超级组包含两种训练方式,用于训练两种对立的肌肉或肌群(同时包含主动肌和拮抗肌);组合组是指同一肌群连续进行不同的训练动作。两种安排方法均有提高训练效率、缩短训练时间的优点,但是对于初学者可能并不适合。

第五节 负荷与休息

一个训练动作所能重复的次数与所举的负荷成反比关系,负荷越重,重复次数越少。如果在连续两次的训练课中,某一训练动作的最后一组都能做到比设定的重复次数多出 2 次时,则下次训练课就应增加重量。依据不同的负荷与训练次数组合,可将抗阻训练目标设定为发展肌肉力量、增强爆发力(单次与多次重复)、促进肌肉肥大与提升肌肉耐力等。不同训练目标的负荷与休息量见表 7-6。

表 7-6　负荷与休息量表

训练目标	负荷(%1RM)	目标重复次数	组数	休息时长
肌力	≥85	≤6	2～6	2～5 min
单次努力项目	80～90	1～2	3～5	2～5 min
多次努力项目	75～85	3～5	3～5	2～5 min
肌肉肥大	67～85	6～12	3～6	30 s 至 1.5 min
肌耐力	≤67	≥12	2～3	≤30 s

第六节　训练技术

一、利用器械与克服自身体重的抗阻训练技术

(一) 腹部训练(图 7-2)

1　屈膝仰卧起坐

(1) 起始姿势：仰卧在垫上；屈膝，脚后跟靠近臀部；双臂交叉于胸前或腹前；每次动作的开始位置相同。

(2) 向上运动阶段：屈颈、下巴靠近胸部；保持双脚、臀及腰平稳地贴在地面上，躯干向大腿方向弯曲直到后背离开垫子。

(3) 向下运动阶段：打开屈曲的躯干，然后颈部伸展，回到起始姿势；保持脚、臀、腰、臂姿势不变。

(4) 目标肌群：腹直肌。

图 7-2　腹部训练

2 卷腹

（1）起始姿势：仰卧在垫上；小腿和双脚放在凳子上，屈髋、屈膝成90°；双臂交叉于胸前或腹前；每次动作的开始位置相同。

（2）向上运动阶段：屈颈、下巴靠近胸部；保持双脚、臀及腰平稳地贴在地面上，躯干向大腿方向弯曲直到后背离开垫子。

（3）向下运动阶段：打开弯曲的躯干，然后颈部伸展，回到起始姿势；保持脚、臀、腰、臂姿势不变。

（4）目标肌群：腹直肌。

（5）变化：通过应用瑞士球等方式，加入核心力量训练。

腹部训练请扫描以下二维码观看、学习。

视频8　腹部训练1　　视频9　腹部训练2　　视频10　腹部训练3

腰腹训练请扫描以下二维码观看、学习。

视频11　腰腹训练

（二）背部训练

1 体前屈提铃至胸（图7-3）

（1）开始动作前：闭锁式正握哑铃；握距略宽于肩。

（2）起始姿势：双脚开立与肩同宽，膝关节微屈；躯干前屈，与地面平行；腰背平直；双眼注视脚前；双臂伸直（哑铃不可触地）；每次动作完成都要回到起始姿势。

（3）向上运动阶段：向躯干提铃；保持躯干的刚性，背部平直，膝部微屈；躯干避免突然发力；哑铃触及下胸部或上腹部。

（4）向下运动阶段：哑铃随着肘关节慢慢伸直回到起始位置；保持背部平直，保持躯干和膝关节的位置；完成一组练习后，屈髋、屈膝，将哑铃放回地面。

（5）目标肌群：背阔肌、大圆肌、斜方肌中部、菱形肌、三角肌后部。

2 坐姿下拉（CYBEX健身器材）（图7-4）

（1）起始姿势：双手闭锁式正握杠铃（或哑铃或其他器材）；握距较肩略宽；坐在椅垫上；将大腿置于垫子下，两脚平行放在地板上，调节椅垫到合适位置；躯干略微后倾；肘部完全伸直；在重复多次的练习中，每次都要回到起始姿势。

（2）向上运动阶段：将杠下拉至胸；保持躯干微向后倾斜，躯干不要快速后伸；不能借助身体摆动增加拉力;杠铃触及锁骨和上胸部。

(3) 向下运动阶段:肘关节慢慢伸直回到起始位置;保持躯干的位置固定;完成一组练习后,站起来将杠铃放回原先位置。

(4) 目标肌群:背阔肌、大圆肌、斜方肌、菱形肌。

图 7-3　体前屈提铃至胸

图 7-4　坐姿下拉(CYBEX 健身器材)

3　坐姿划船(图 7-5)

(1) 起始姿势:直立,两脚平放在地面上,躯干贴近胸垫;双手闭锁式正握手柄,若有必要,调节坐垫让手臂与地板基本平行;肘关节充分伸直;重复动作,起始位置要相同。

(2) 向上运动阶段:朝胸部或上腹部拉动手柄;保持躯干的垂直,两肘紧贴躯干;将手柄尽力向后拉;不要借助身体后倾加力。

(3) 向下运动阶段:保持两肘紧贴肋部,推手柄向前,并缓慢返回起始位置;躯干保持起始姿势。

(4) 目标肌群:背阔肌、大圆肌、斜方肌中部、菱形肌、三角肌后部。

图 7-5　坐姿划船

4 肩上举(图 7-6)

可以用闭锁式正握两个哑铃练习。保护者握住练习者的前臂靠近腕关节部位进行保护。

(1) 起始姿势(练习者):在卧推凳上坐下,背部倾斜,保持五点支撑;闭锁式正握哑铃;握距略大于肩宽;示意保护者协助将哑铃移出支架;推举哑铃过头直到手肘完全伸展;所有重复的动作皆由此开始。

(2) 起始姿势(保护者):膝关节微屈站于卧推凳后;在练习者示意后,协助练习者平稳地举起哑铃,将哑铃移出支架;以闭锁式正反握在练习者两手中间抓杠;指导练习者举杠过头;平缓地放下哑铃。

(3) 向下运动阶段(练习者):肘关节缓慢弯曲,降低哑铃高度;保持腕关节紧张,前臂平行;哑铃高度降低到锁骨及三角肌前部时,头部微微伸展;保持五点支撑。

(4) 向下运动阶段(保护者):在哑铃下降过程中,以正反握法接近哑铃(不能触碰);随着哑铃的运动,保护者膝关节保持微屈,背部保持平直。

(5) 向上运动阶段(练习者):向上推哑铃直到肘关节完全伸展;上举时头部微微伸展;保持腕关节收紧,前臂平行;保持五点支撑;切勿弓背或离开卧推凳;完成一组动作后,示意保护者协助将哑铃放回支架;紧握哑铃直到哑铃落架。

(6) 向上运动阶段(保护者):当哑铃上升时,以正反握接近哑铃(不能触碰);随着哑铃的运动,保护者膝关节保持微屈,背部保持平直;当练习者示意完成一组动作后,以正反握在练习者两手中间抓杠;引导练习者将哑铃放回支架上;紧握哑铃,直到哑铃落架、练习者离开才可松手。

(7) 目标肌群:三角肌前部、中部,肱三头肌。

5 站姿提铃至胸(图 7-7)

(1) 起始姿势:闭锁式正握哑铃,握距略窄于或等于肩宽;垂直站立,两脚与肩同宽,膝关节微屈;将哑铃置于大腿前方,哑铃末端指向两侧,两肘关节完全伸展。

(2) 向上运动阶段:沿腹部与胸部,提铃至下颌;在哑铃向上过程中保持肘关节朝向两侧;保持躯干与膝关节位置固定;切勿踮脚尖或向上摆动哑铃;哑铃在最高位置时,肘关节与肩部和腕部同高或稍高。

(3) 向下运动阶段:使哑铃缓慢下降回到起始位置;保持躯干与膝关节位置固定。

(4) 目标肌群:三角肌、斜方肌上部。

6 哑铃侧举(图 7-8)

(1) 起始姿势:闭锁式中间位握住哑铃;双脚与肩或髋同宽,膝关节微屈,垂直站立,目光注视前方;将哑铃放置在大腿前侧,掌心相对;保持肘关节微屈。

(2) 向上运动阶段:向两侧上方举起哑铃,肘与上臂同时向上;保持上身直立,膝关节微屈,双脚站稳;切勿剧烈摆动身体或向上摆动哑铃;将哑铃上举至上臂与地面平行或与肩同高。

(3) 向下运动阶段:使哑铃缓慢下降回到起始位置;保持躯干直立与膝关节微屈。

(4) 目标肌群:三角肌。

图 7-6 肩上举

图 7-7 站姿提铃至胸

图 7-8 哑铃侧举

背部训练请扫描以下二维码观看、学习。

视频 12　背部训练 1　　　　视频 13　背部训练 2

视频 14　背部训练 3　　视频 15　背部训练 4　　视频 16　背部训练 5

（三）肱二头肌训练

1 哑铃屈肘（图7-9）

（1）起始姿势：双手闭锁式反握哑铃；握距与肩同宽，两臂能够触及躯干；直立，两脚开立与肩同宽，膝关节微屈；肘关节伸直，哑铃靠在大腿上；每次动作的开始位置均相同。

（2）向上运动阶段：屈肘至哑铃接近三角肌；保持躯干直立，上臂固定；不要利用身体和器械的摆动助力。

（3）向下运动阶段：哑铃放低直至肘关节完全伸直；膝关节和躯干保持起始姿势；避免哑铃与大腿发生碰撞。

（4）目标肌群：肱肌、肱二头肌、肱桡肌。

2 斧式屈肘（图7-10）

（1）起始姿势：双手闭锁式反握哑铃；握距与肩同宽，两臂能够触及躯干；直立，两脚开立与肩同宽，膝关节微屈；肘关节伸直，哑铃靠在大腿两侧；每次动作的开始位置均相同。

（2）向上运动阶段：保持中间位握住哑铃，一臂屈肘，至哑铃接近三角肌前部，另一臂放在大腿侧不动；保持躯干直立，上臂固定；不要利用身体和器械的摆动助力。

（3）向下运动阶段：哑铃放低直至肘关节完全伸直；膝关节和躯干保持起始姿势；保持哑铃的中间位握法不变；换手重复做向上向下运动（交替进行）。

（4）目标肌群：肱肌、肱二头肌、肱桡肌。

图7-9 哑铃屈肘

图7-10 斧式屈肘

肱二头肌训练请扫描以下二维码观看、学习。

视频 17　肱二头肌训练

（四）肱三头肌训练

1 仰卧肱三头肌伸展（图 7-11）

（1）起始姿势（练习者）：卧推凳上保持五点支撑；以闭锁式正握从保护者手上抓杠，握距约 30 cm；手肘完全伸展，双臂平行举杠至胸部上方；肘部朝向膝关节方向（不超出两侧）；所有持续反复的动作皆由此开始。

（2）起始姿势（保护者）：垂直站立靠近凳端，但不可过于靠近以免干扰练习者；两脚开立与肩同宽，膝部微屈；以闭锁式正反握抓杠；送杠给练习者；引导练习者举哑铃至胸部上方；平稳地放下哑铃。

（3）向下运动阶段（练习者）：保持上臂稳定，手肘缓慢弯曲，哑铃下降至面部；保持腕关节紧张收缩，上臂与地面垂直，两臂平行；降低哑铃高度直至几乎触及头部或面部；保持五点支撑。

（4）向下运动阶段（保护者）：在哑铃下降时，保护者双手以正反握接近哑铃（不能触碰）；贴近哑铃时，膝部、臀部与躯干微屈，背部保持平直。

（5）向上运动阶段（练习者）：向上推哑铃直到手肘完全伸展；保持腕关节紧张收缩，肘部指向膝关节；保持上臂平行垂直于地面；保持五点支撑，切勿弓背或挺胸；完成一组动作后示意保护者协助拿起哑铃；紧握哑铃直到保护者移开。

（6）向上运动阶段（保护者）：在哑铃上升时，保护者以正反握接近哑铃（不能触碰）；随着哑铃的运动，保护者微微伸膝、伸髋和躯干，背部保持平直；当练习者示意完成一组动作后，以正反握抓杠，从练习者手中拿下哑铃后置于地上。

（7）目标肌群：肱三头肌。

图 7-11　仰卧肱三头肌伸展

2 站姿下拉（图 7-12）

（1）起始姿势：闭锁式正握抓手柄，握距 15~30 cm；膝部微屈垂直站立，接近至足够将器械缆绳直线下拉，稳定抓住后即呈起始姿势；往下拉手柄至上臂与躯干；弯曲手肘至前臂与地面平行；所有持续反复的动作皆由此开始。

（2）向下运动阶段：下拉手柄至手肘完全伸展；保持躯干垂直，上臂固定；切勿用力锁肘。

（3）向上运动阶段：使手肘缓慢弯曲回到起始姿势；保持躯干、手臂与膝部姿势固定；当一组动作完成后，将手柄缓慢移回静止状态。

（4）目标肌群：肱三头肌。

肱三头肌伸展训练请扫描以下二维码观看、学习。

图 7-12　站姿下拉

视频 18　肱三头肌伸展训练

肱三头肌训练请扫描以下二维码观看、学习。

视频 19　肱三头肌训练 1　　视频 20　肱三头肌训练 2

（五）前臂训练（图 7-13）

1 屈腕

（1）起始姿势：坐在卧推凳的一端；闭锁式反握哑铃，握距 20~30 cm；两脚、两腿平行，脚尖向前；躯干前倾，肘关节及前臂放在大腿上；向前移动腕关节直到稍微超过髌骨；手腕伸展，打开手掌握住哑铃。

（2）向上运动阶段：先弯曲手指再屈腕上提哑铃；尽可能屈腕且不能移动手肘与前臂；不能借助身体或摆动使哑铃上提。

（3）向下运动阶段：手腕和手指应缓慢回到起始位置；保持躯干和手臂位置固定。

（4）目标肌群：桡侧腕屈肌、尺侧腕屈肌。

2 伸腕

（1）起始姿势：坐在卧推凳的一端；闭锁式正握哑铃，握距 20~30 cm；两脚、两腿平行，脚尖向前；躯干前倾，肘关节及前臂放在大腿上；向前移动腕关节直至稍微超过髌骨；握紧

图 7-13　前臂训练

哑铃,朝地面屈腕。

（2）向上运动阶段：伸腕上提哑铃；尽可能伸腕且不能移动手肘与前臂；不能借助身体或摆动使哑铃上提。

（3）向下运动阶段：手腕和手指应缓慢回到起始位置；保持躯干和手臂位置固定。

（4）目标肌群：桡侧腕伸肌、尺侧腕伸肌。

（六）胸部训练

1　水平卧推（图 7-14）

重量在练习者面部上方。

说明：可以使用杠铃或哑铃，以闭锁式正握法进行。保护者扶握练习者的前臂代替握杠。

（1）起始姿势（练习者）：水平仰卧在卧推凳上，保证五点支撑；调整身体位置，使眼睛正好在支架下方；双手正握，闭锁式抓杠，握距略宽于肩；练习者要将杠铃从支架取下时，向保护者发出信号；肘关节伸直，保持杠铃位于胸部上方；每次重复均由此位置开始。

（2）起始姿势（保护者）：靠近卧推凳头端站立（避免过于贴近练习者）；两脚打开，略宽于肩，双膝微屈；在练习者握杠的两手之间，以变换式或闭锁式握法抓杠；听到练习者信号后，帮助其将杠铃从架上取下；保护杠铃直到练习者将杠铃置于胸部上方；平稳地松开杠铃。

（3）向下运动阶段（练习者）：向下移动杠铃，接近胸部，与乳头位置齐平；手腕要牢固，前臂与地面平行，两侧前臂平行；保持身体和器械与地面五点支撑。

（4）向下运动阶段（保护者）：在杠铃下移的过程中，保持变换式或闭锁式握法，靠近杠铃但不能接触杠铃；在跟随杠铃移动的过程中，微微屈膝、屈髋，保持腰背平直。

（5）向上运动阶段（练习者）：向上推杠，直到肘关节完全伸直；手腕紧张、稳定，两侧前臂平行，与地面平行；保持五点支撑；不要拱腰或挺胸迎杠；一组练习结束后，示意保护者帮助其将杠铃放回架上，直到杠铃放稳后才能松手。

（6）向上运动阶段（保护者）：在杠铃上移过程中，保持变换式或闭锁式握法，靠近杠铃但不能接触杠铃；在跟随杠铃移动的过程中，微微屈膝、屈髋，保持腰背平直；一组练习结束接到练习者示意后，在练习者两手之间以变换式握法抓紧杠铃；护送杠铃到架子上，直到杠铃稳定,练习者起身离开才可松手。

(7)目标肌群:胸大肌、三角肌前部和肱三头肌。

图 7-14　水平卧推

2　上斜推举(图 7-15)

重量在练习者面部斜上方。

说明:可以使用杠铃或哑铃,采用闭锁式正握杠铃,握距略宽于肩。保护者手扶住杠铃而不是练习者前臂。

(1)起始姿势(练习者):闭锁式正握杠铃;躺在卧推凳上,保持身体与卧推凳、地面五点支撑;示意保护者帮助其移动杠铃至起始位置;肘关节伸直,两臂平行,保持杠铃位于面部上方;每次重复由此位置开始。

图 7-15　上斜推举

（2）起始姿势（保护者）：靠近卧推凳头端站立（避免过于贴近练习者）；两脚开立，略宽于肩，双膝微屈；双手握住练习者前臂，接近手腕部分；听到练习者信号后，帮助其将杠铃移动到面部上方；平稳地从练习者的前臂松开。

（3）向下运动阶段（练习者）：在胸侧方向垂直向下移动杠铃到与乳头位置平齐；手腕要紧张、稳定，垂直在肘关节上方，与杠铃柄在一条直线上；缓慢地下移杠铃，接近腋窝的位置，靠近上胸部1/3处；保持身体与器械及地面的五点支撑；不要拱背或抬高胸部迎向杠铃。

（4）向下运动阶段（保护者）：在杠铃下移过程中，保持双手和练习者前臂很接近，但不能触碰练习者前臂；在跟随杠铃移动的过程中，微微屈膝、屈髋，保持腰背挺直。

（5）向上运动阶段（练习者）：向上推杠铃，直到肘关节完全伸直；手腕要紧张、稳定，正对肘关节，与杠铃柄在一条直线上，保持五点支撑。

（6）向上运动阶段（保护者）：在杠铃上移过程中，保持双手和练习者前臂很接近，但不能触碰练习者前臂；在跟随杠铃移动的过程中，微微屈膝、屈髋，保持腰背挺直。

（7）目标肌群：胸大肌。

3 水平哑铃飞鸟（图 7-16）

重量在练习者面部上方。

说明：也可在斜板上做，在斜板上练习时，开始动作不是将哑铃置于胸部上方，而是面部上方。

（1）起始姿势（练习者）：闭锁式中间位握住哑铃；仰卧在卧推凳上，保持身体与卧推凳及地面五点支撑；示意保护者帮助其移动哑铃至起始位置；肘关节伸直，保持哑铃位于面部上方；缓慢屈肘，肘关节移向外侧；每次重复由此位置开始。

（2）起始姿势（保护者）：一腿跪地，另一腿向前平稳地着地（也可双膝跪地）；抓扶练习者的前臂，接近手腕处；听到练习者发出的信号后，帮助其将哑铃移动到胸部上方；平稳地松开握着练习者前臂的手。

图 7-16　水平哑铃飞鸟

(3)向下运动阶段(练习者):哑铃沿着大弧形向下运动至肩部或胸部的水平高度;在肘关节向下运动时,两哑铃要保持相互平行;手腕要紧张、稳定,肘关节微屈;保持手、腕部、前臂、肘部、上臂和肩部在同一垂直面内;保持身体与器械及地面五点支撑。

(4)向下运动阶段(保护者):在哑铃下移过程中,保持双手和练习者前臂很接近,但不能触碰练习者前臂。

(5)向上运动阶段(练习者):沿弧线向上推哑铃至起始位置;保持手腕紧张,肘关节微屈;保持手、腕部、前臂、肘部、上臂和肩部在同一垂直面内;保持身体与器械及地面五点支撑。

(6)向上运动阶段(保护者):在哑铃下移过程中,保持双手和练习者前臂很接近,但不能触碰练习者前臂。

(7)目标肌群:胸大肌。

4 垂直推胸(图 7-17)

使用器械练习。

(1)起始姿势:坐位,向后倾斜,保持五点支撑;闭锁式正握把手;校正把手与乳头位置是否水平,若需要,调整坐垫高度使把手处于正确位置;将把手从胸部推出,至肘关节完全伸直;每一次重复动作均由此位置开始。

(2)向后运动阶段:把手缓慢移回到与胸部水平的位置;保持身体五点支撑。

(3)向前运动阶段:将把手由胸部向前推,直到起始位置;保持五点支撑;不能弯腰弓背,不要锁住肘关节。

(4)目标肌群:胸大肌。

图 7-17 垂直推胸

(七)髋部大腿训练

1 坐姿斜上蹬腿(图 7-18)

(1)起始姿势:以下背部、髋部及臀部入座;双脚与髋同宽,分别置于平台上,脚尖微向外开;两腿分开,小腿平行;抓住握把或两手放置在座椅两侧,移动髋关节与膝关节至完全伸直,不要用力锁膝;保持髋部在座椅上,背部抵住背垫;抓握握把或双手放置在座椅两侧,

图 7-18　坐姿斜上蹬腿

双脚从平台移开,同时双手握住握把;重复动作。

(2) 向下运动阶段:髋关节与膝关节缓慢弯曲让平台下降;不要让平台下降过快;保持臀部与髋部在座椅上,背部抵住背垫;随着膝关节弯曲,保持正膝关节不超过脚尖;髋关节和膝关节屈曲直到大腿与平台平行,此时,臀部与座椅接近分开时,髋关节离开背垫或脚后跟离开平台。

(3) 向上运动阶段:髋关节和膝关节伸直推动平台往上;上推至完全伸直的姿势,勿用力锁住膝部;保持髋部与背部姿势不变,切勿抬高臀部;膝关节伸直但不要超过脚尖;每组训练结束时,重新设置平台位置,移开双脚,离开仪器。

(4) 目标肌群:臀大肌、半膜肌、半腱肌、股二头肌、股外侧肌、股中间肌、股内侧肌、股直肌。

2　后蹲(图 7-19)

(1) 起始姿势(练习者):闭锁式正握杠铃;立于杠下,双脚平行;将杠置于上背部和肩部,有两种握法,即低杠姿——杠置于三角肌后部与斜方肌中部(手的握距大于肩宽),高杠姿——杠置于三角肌后部上方与颈部底端(手的握距略大于肩宽);上抬肘部,利用上背部与肩部肌群形成向上的作用力来支撑杠铃;保持胸部上挺,且充分打开;头部微往上倾斜;固定位置后,示意让保护者协助将杠铃移出支架;伸髋、伸膝举杠;向后移动 1~2 步;两脚张开与肩同宽(或略宽),脚尖微指向外侧;所有重复的动作皆由此开始。

(2) 起始姿势(两位保护者):站立在杠铃的两端,两脚分立与肩同宽(或更宽),膝部微屈;双手手掌向上呈握杯状,抓住杠的末端;在练习者示意后,协助练习者将杠铃移出支架;平稳地放下杠铃;保持双手在杠铃下方 5~8 cm 处;随着练习者往后移动,保护者也同步侧向移动;一旦练习者准备好,保护者两脚站立与肩同宽,膝部微屈,躯干挺直。

(3) 向下运动阶段(练习者):保持背部挺直、肘关节抬高,挺胸并呈充分打开的姿势;在保持躯干与地面角度固定的情况下,缓慢地屈髋、屈膝;保持脚跟在地面上,膝关节不要超过脚尖;持续屈髋、屈膝直到大腿与地面平行,此时躯干前屈,或脚后跟离开地面。

(4) 向下运动阶段(两位保护者):保护者两手保持握杯状,但不接触杠铃,随着杠铃的下降而下降;随着杠铃的下降,保护者稍稍屈膝、屈髋和躯干保持平直。

图 7-19 后蹲

(5) 向上运动阶段(练习者):保持背部平直,抬高肘部,挺胸并充分打开;以相同速率伸髋、伸膝(保持躯干与地面角度固定);保持脚后跟在地面上,膝部在脚的正上方;切勿使躯干前屈或背部拱起;继续伸髋、伸膝直到起始姿势;一组动作结束后,回到支架前面;下蹲,直到杠铃置于支架上。

(6) 向上运动阶段(两位保护者):随着杠铃的上升,双手呈握杯状接近杠铃的末端(不可触碰);随着杠铃运动,缓慢地伸髋、伸膝,背部保持平直;完成一组动作后,随着练习者向支架侧移;同时抓杠并协助练习者将杠铃平稳地放在支架上;平稳地放下杠铃,待练习者离开后松手。

(7) 目标肌群:臀大肌、半膜肌、半腱肌、股二头肌、股外侧肌、股中间肌、股内侧肌、股直肌。

后蹲请扫描以下二维码观看、学习。

视频 21 后蹲

3 前蹲(图 7-20)

(1) 起始姿势(练习者):立于杠下,双脚平行;采用手臂平行和闭锁式正握抓杠其中之一的握杠姿势;握距微大于肩宽;往上移动杠铃至三角肌前部与锁骨处;完全屈肘,抬高手臂与地面平行;手臂交叉;屈肘,两臂交叉于胸前;往上移动杠铃至三角肌前上方;采用开放式握法,手指抓杠;抬高肘关节,手臂与地面保持平行;保持挺胸,并充分打开;头部微微向上倾斜;一旦准备好,示意保护者协助将杠铃移出支架;伸髋、伸膝举杠;向后移动1~2步;两脚张开与肩同宽(或略宽),脚尖微指向外侧;所有重复的动作皆由此开始。

(2) 起始姿势(两位保护者):分别站立在杠铃的两端,两脚分立与肩同宽(或更宽),膝部微屈;双手手掌向上呈握杯状,抓住杠的末端;在练习者示意后,协助将杠铃移出支架;平稳地放下杠铃;保持双手在杠铃下方5~8 cm处;随着练习者往后移动,保护者也同步侧向移动;一旦练习者准备好,保护者两脚站立与肩同宽,膝关节微屈,躯干挺直。

(3) 向下运动阶段(练习者):保持背部挺直、肘关节抬高,挺胸并呈充分打开的姿势;在保持躯干与地面角度固定的情况下,缓慢地屈髋、屈膝;保持脚跟在地面上,膝关节不要超过脚尖;持续屈髋、屈膝直到大腿与地面平行,此时躯干前屈,或脚后跟离开地面。

(4) 向下运动阶段(两位保护者):保护者两手保持握杯状,但不接触杠铃,随着杠铃的下降而下降;随着杠铃的下降,保护者稍稍屈膝、屈髋和躯干保持平直。

(5) 向上运动阶段(练习者):保持背部平直,抬高肘部,挺胸并充分打开;以相同速率伸髋、伸膝(保持躯干与地面角度固定);保持脚后跟在地面上,膝部在脚的正上方;切勿使躯干前屈或背部拱起;继续伸髋、伸膝直到起始姿势;一组动作结束后,向前回到支架前面;下蹲,直到杠铃置于支架上。

(6) 向上运动阶段(两位保护者):随着杠铃的上升,双手呈握杯状接近杠铃的末端(不可触碰);随着杠铃运动,缓慢地伸髋、伸膝、背部保持平直;完成一组动作后,随着练习者向支架侧移;同时抓杠并协助练习者将杠铃平稳地放在支架上;平稳地放下杠铃,待练习者离开后松手。

(7) 目标肌群:臀大肌、半膜肌、半腱肌、股二头肌、股外侧肌、股中间肌、股内侧肌、股直肌。

图 7-20　前蹲

4 弓箭步走（图7-21）

说明：弓箭步走也可采用闭锁式中间握法，手握两个哑铃操作。

（1）起始姿势（练习者）：立于杠下，双脚平行；闭锁式正握杠铃；将杠铃平衡置于上背部和肩部的三角肌后部上方，近颈部底端（握距略宽于肩）；利用上背肌和肩部肌肉，抬肘对杠铃产生支撑；保持挺胸，并呈充分打开的姿势；头部向上微微倾斜；一旦准备就绪，示意保护者协助将杠铃移出支架；伸髋、伸膝举杠；向后退2～3步；所有重复的动作皆由此开始。

（2）起始姿势（保护者）：接近练习者站立（不能过度靠近甚至干扰到练习者）；两脚分立与肩同宽，膝部微屈；在练习者示意后，协助练习者平稳地举起杠铃，将杠铃移出支架；随着练习者移回起始姿势，保护者与练习者同步；当练习者准备好时，保护者保持

图7-21 弓箭步走

站立两脚与髋同宽，膝部微屈，躯干挺直；两手接近练习者臀部、腰部或躯干处。

（3）向前运动阶段（练习者）：一脚直接向前跨出一大步（前导脚）；在前导脚向前移动接触地面过程中，保持躯干挺直；保持固定腿在起始姿势，膝关节微屈；前导脚平放在地面上，脚尖向前或微微向内；前导腿缓慢屈髋、屈膝；保持前导腿的膝关节位于脚的正上方；固定腿膝关节继续屈曲直到离地3～5 cm；在固定脚和前导脚之间平均分配重量；保持躯干垂直于地面。

（4）向前运动阶段（保护者）：与练习者一样以同一脚前跨；保持前导膝与练习者前导脚呈一条直线；固定脚位于练习者脚后方30～40 cm处；随着练习者的前导膝的屈曲而屈曲；保持躯干垂直于地面；两手接近练习者的髋部、腰部或躯干处，必要时协助练习者保持平衡。

（5）向后运动阶段（练习者）：靠伸展前导腿的膝关节和髋关节用力推离地面；保持相同的躯干挺直姿势，不要以上背后倾来借力；向后带动前导脚回到固定脚的旁边，切勿蹭步向后；垂直站立同起始姿势，暂停，然后改变前导脚；当一组动作完成后，跨步朝向支架，将杠铃放在支架上。

（6）向后运动阶段（保护者）：与练习者一样同时将前导脚后撤；向后带动前导脚回到固定脚的旁边，切勿蹭步向后；保持双手置于接近练习者的髋部、腰部或躯干处；垂直站立同起始姿势，暂停并等待练习者，然后改变前导脚；必要时协助练习者保持平衡；当一组动作完成后，协助练习者将杠铃放在支架上。

（7）目标肌群：臀大肌、半膜肌、半腱肌、股二头肌、股外侧肌、股中间肌、股内侧肌、股直肌。

弓箭步走请扫描以下二维码观看、学习。

视频 22 弓箭步走

5 负重登台阶(图 7-22)

重量在练习者头后。

说明:箱子(台阶或其他支撑物)高 30~46 cm,当脚踩到箱子上时,膝关节成 90°。

(1) 起始姿势(练习者):闭锁式正握抓杠;立于杠下,双脚彼此平行;将杠铃平衡置于上背部和肩部的三角肌后部上方,近颈部底端(握距略宽于肩);利用上背肌和肩部肌肉,抬肘对杠铃产生支撑;保持挺胸,呈充分打开姿势;头部向上微微倾斜;一旦准备就绪,示意保护者协助将杠铃移出支架;伸髋、伸膝举杠;走到箱子面前站立,离箱子的距离与箱子的高度一致;所有重复的动作皆由此开始。

(2) 起始姿势(保护者):垂直站立且非常接近练习者,但不能过度靠近甚至干扰到练习者;两脚分立与肩同宽,膝部微屈;在练习者示意后,协助练习者平衡举起杠铃,将杠铃移出支架;随着练习者回到起始姿势,保护者与练习者同步;当练习者准备好时,保护者保持站立两脚与髋同宽,膝部微屈,躯干挺直;两手接近练习者臀部、腰部或躯干处。

(3) 向上运动阶段(练习者):一脚直接向前跨出一大步(前导脚),置于箱子上;保持躯干挺直,勿往前倾斜;保持固定脚在起始位置,转移身体重心至前导脚;用力伸展前导脚膝关节和髋关节,移动身体站到箱子上;勿用固定脚或腿以上推或跳的方式登台阶;达到最高点后,垂直站立,在开始向下动作之前暂停。

(4) 向上运动阶段(保护者):当练习者登上台阶时,保护者面朝练习者,身体倾斜以手臂接近练习者;手尽可能接近练习者臀部、腰部或躯干处(从练习者开始跨步起);必要时协

图 7-22 负重登台阶

助练习者保持平衡。

（5）向下运动阶段（练习者）：转移身体重心到同一前导脚；同一固定脚下箱子；保持躯干挺直，勿往前倾斜；距箱子 36～46 cm 处固定脚下地；当固定脚完全接触地面后，转移身体重心至固定脚；前导脚离开箱子；前导脚回到固定脚旁边；垂直站立呈起始姿势，暂停后改变前导脚；当一组动作完成后，朝支架前跨，将杠铃放到支架上。

（6）向下运动阶段（保护者）：当练习者下落到地面，以手臂跟随其动作而动；两手接近练习者髋部、腰部或躯干处；垂直站立同起始姿势，暂停并等待练习者；必要时协助练习者保持平衡；当一组动作完成后，朝支架前跨，将杠铃放到支架上。

（7）目标肌群：臀大肌、半膜肌、半腱肌、股二头肌、股外侧肌、股中间肌、股内侧肌、股直肌。

6 负重体前屈（图 7-23）

（1）起始姿势：采用闭锁式正握法；立于杠下，双脚平行；将杠铃平衡置于上背部和肩部的三角肌后部上方，近颈部底端（握距略宽于肩）；利用上背肌和肩部肌肉，抬肘对杠铃产生支撑；保持挺胸，充分打开；头部向上微微倾斜；两脚分立与肩同宽（或略宽），脚尖稍向外；所有重复的动作皆由此开始。

（2）向下运动阶段：从缓慢屈髋开始，在下降过程中臀部水平向后方移动；保持背部平直和抬高肘部，在下降过程中上背部不能弯曲；杠铃的水平距离不超过脚尖，不允许脚后跟离开地面；在下降过程中，保持膝关节微屈；继续向下直到肢体几乎与地面平行。

（3）向上运动阶段：通过伸展髋关节，抬起杠铃；在上升过程中保持背部平直和膝关节微屈；继续伸髋慢慢回到开始位置。

（4）目标肌群：臀大肌、半膜肌、半腱肌、股二头肌、股外侧肌、股中间肌、股内侧肌、股直肌。

图 7-23　负重体前屈

7 硬拉（图 7-24）

（1）起始姿势：两脚平行站立，脚尖稍微向外；髋部下蹲略低于肩，闭锁式双手握杠；握距大于肩宽，膝关节向外，肘关节完全伸展；两脚平行直立于地面，杠铃距胫骨约 3 cm，位于脚背之上；背部平直；斜方肌放松或微微拉伸；挺胸并呈充分打开姿势；头部与脊柱呈一条直线或微微后伸；脚跟触地；肩部在杠铃上方或略前方；眼睛注视前方或稍微向上；所有重复的动作皆由此开始。

（2）向上运动阶段：靠伸髋、伸膝让杠铃离地；保持躯干与地面角度固定；保持背部平直；尽可能靠近胫骨拉起杠铃；当杠铃刚刚超过膝关节时，髋部向前移动带动大腿向前，膝关节处于杠铃的下方；当膝关节与髋关节完全伸展后，形成一个垂直的身体站立姿势。

（3）向下运动阶段：让膝关节和髋关节缓慢屈曲，放杠铃于地面上；保持背部平直，躯干不能前屈。

（4）目标肌群：臀大肌、半膜肌、半腱肌、股二头肌、股外侧肌、股中间肌、股内侧肌、股直肌。

图 7-24　硬拉

硬拉请扫描以下二维码观看、学习。

视频 23　硬拉（正面）　　视频 24　硬拉（侧面）

8 直腿硬拉（图 7-25）

（1）起始姿势：当从地面上拉起杠铃做完硬拉练习之后，膝关节处于轻度或中度弯曲，在整个练习中把此姿势作为开始姿势；所有重复的动作皆由此开始。

（2）向下运动阶段：开始练习要保持躯干平直，然后躯干在髋部向前弯曲，将杠铃朝地轻放,保证整个过程可控;在下降过程中,保持膝关节轻度或中度弯曲,背部平直或轻度拱起,肘关节完全伸直;降低杠铃直到杠铃片触地,此时,背部不能维持平直姿势,膝关节完全伸直,或脚后跟离开地面。

(3) 向上运动阶段:躯干在髋部后伸,回到开始位置;保持膝部微屈,背部平直;不要依靠躯干向后借力或屈肘。

(4) 目标肌群:臀大肌、半膜肌、半腱肌、股二头肌、股外侧肌、股中间肌、股内侧肌、股直肌。

图 7-25　直腿硬拉

直腿硬拉请扫描以下二维码观看、学习。

视频 25　直腿硬拉

9　坐姿伸膝(图 7-26)

(1) 起始姿势:坐在器械上,背部抵住靠垫;脚踝置于筒垫后方,紧密贴住;双腿彼此平行;膝部与器械轴成直线,必要的话,调整靠垫或筒垫,以校正双腿位置;双手紧握把手或置于两侧;所有重复的动作皆由此开始。

(2) 向上运动阶段:膝部完全伸展上抬筒垫;保持躯干挺直,背部紧靠靠垫;保持大腿、小腿和脚互相平行;双手紧握把手或置于两侧;切勿用力锁膝。

(3) 向下运动阶段:膝部缓慢弯曲回到起始姿势;保持躯干挺直,背部紧靠靠垫;保持大腿、小腿和脚互相平行;双手紧握把手或置于两侧;切勿使臀部离开坐垫。

(4) 目标肌群:股外侧肌、股中间肌、股内侧肌、股直肌。

图 7-26　坐姿伸膝

10　俯卧卷腿（图 7-27）

（1）起始姿势：俯卧在器械椅上，躯干紧贴椅面；脚踝位于筒垫下；双腿彼此平行；膝部微微离开大腿椅面的底部边缘；膝部与器械轴成直线，必要的话，调整筒垫，以校正双腿位置；双手紧握把手或置于两侧；所有重复的动作皆由此开始。

（2）向上运动阶段：膝部完全弯曲上举筒垫；保持躯干挺直，躯干紧靠椅面；双手紧握把手或置于两侧；切勿使大腿离开大腿椅面。

（3）向下运动阶段：膝部缓慢伸展回到起始姿势；保持躯干挺直，躯干紧靠靠垫；保持大腿、小腿和脚互相平行；双手紧握把手或置于两侧；切勿用力锁膝。

（4）目标肌群：半膜肌、半腱肌、股二头肌。

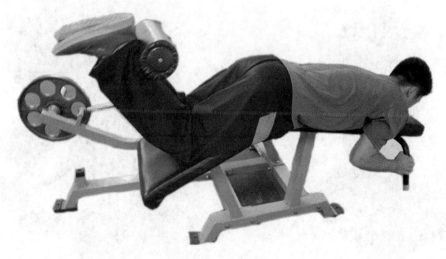

图 7-27　俯卧卷腿

（八）小腿

1　站立提踵（图7-28）

（1）起始姿势：身体处在水平的肩垫之下；面对器械，双脚分开与肩同宽，脚跟置于台阶（跳箱或垫子）边缘，两侧的腿脚彼此平行；直立，两侧膝关节充分伸直，但不能锁死；脚后跟悬空，低于台阶，处于舒适的拉伸状态；每次动作的开始位置均相同。

（2）向上运动阶段：保持躯干直立，腿脚分开平行，脚尖尽可能地抬高；脚跟蹬离台阶，踝关节不要内翻或外翻；膝关节保持伸直，但不要锁住。

（3）向下运动阶段：缓慢放下脚跟到起始位置；身体姿势保持不变。

（4）目标肌群：比目鱼肌、腓肠肌。

2　坐姿提踵（图7-29）

（1）起始姿势：上身挺直端坐，两脚掌放在台阶（跳箱或垫子）边缘，两腿、两脚与髋部同宽，彼此平行；当使用坐姿提踵器械时，需调节大腿垫和膝垫，以便牢固固定住大腿下部和膝关节；踝关节跖屈直到脚后跟离开支撑物；脚后跟降低到一个舒适的拉伸位置；每次动作的开始位置均相同。

（2）向上运动阶段：保持躯干挺直，两腿、两脚平行，脚尖尽量向上抬高；脚跟蹬离台阶，踝关节不要内翻或外翻。

（3）向下运动阶段：缓慢放下脚跟到起始位置；身体姿势保持不变；一组练习完成后放回支撑，将脚移开。

（4）目标肌群：比目鱼肌、腓肠肌。

图7-28　站立提踵

图7-29　坐姿提踵

（九）全身性动作

1 站姿上挺（图 7-30）

（1）起始姿势：闭锁式握铃；握距宽于肩；身体移动到杠铃杆下方，两脚开立；向上移动到杠铃杆的位置，将杠铃杆放在三角肌前部和锁骨上；伸髋、伸膝，将杠铃杆抬离支架；站在举重台的中间位置；两脚分立，两脚脚尖稍向外；每一次重复动作都由此姿势开始。

（2）准备阶段（屈膝下蹲）：以慢速或中速屈髋、屈膝，杠铃沿垂直方向下降；继续下蹲但不要超过 1/4 位置，或到身高的 10% 位置做高翻动作；保持两脚落地，躯干挺直，上臂与地面平行。

（3）向上运动阶段：下蹲之后快速有力地伸髋、伸膝，接着利用推肘力量将杠铃举过头顶；杠铃过头顶上方后，肘关节充分伸直；躯干用力挺直，紧绷，头部居中；脚要平稳，杠铃处于头部上方稍后。

（4）推举：髋关节和膝关节完全伸直后，杠铃上升过头，直到肘关节完全伸直；在此阶段，躯干保持挺直，脚平放在地面上，杠铃稍微在头部的后面。

（5）借力推：在髋关节和膝关节完全伸直，杠铃过头之后，快速再次屈髋、屈膝至 1/4 位置，同时完全伸肘，杠铃顺势达到最高点；此时躯干挺直，头处于中间位置，两脚平放在地面上，杠铃稍微位于头部后方。

（6）向下运动阶段：逐步减少臂部肌肉的紧张程度，使杠铃有控制地下移至肩部；同时屈髋、屈膝，以缓冲杠铃对肩部的冲击；一组练习结束后，将杠铃放回杠铃架。

（7）目标肌群：推举和挺身上举可以锻炼臀大肌、半膜肌、半腱肌、股二头肌、股外侧肌、股内侧肌、股直肌、比目鱼肌、腓肠肌慢速推举，不做屈髋、屈膝动作则只能锻炼三角肌。

图 7-30　站姿上挺

站姿上挺请扫描以下二维码观看、学习。

视频 26　站姿上挺

❷ 高翻(高抓)(图 7-31)

（1）起始姿势：两脚开立，脚略微呈外八字；下蹲，髋低于肩，两手闭锁式正握杠铃；握距略宽于肩，置于两膝外侧，肘伸直；平稳站立，杠铃在脚背上方，距胫骨约 3 cm；背部平直；斜方肌放松，有轻微拉伸感；挺胸；头与躯干呈一条直线，略后仰；肩在杠铃上方或略前一点；两眼直视前方，或微向上看；每一次重复动作都由此位置开始。

（2）向上运动阶段(第一次提拉)：用力伸髋、伸膝，将杠铃提离地面；保持躯干与地面角度不变，不要在抬肩之前抬臀；保持背部平直；保持肘关节伸直，头部居中，肩在杠铃上方或略前；杠铃拉起后，尽量贴近胫骨。

（3）向上运动阶段(过渡)：当杠铃高过膝关节后，向前伸髋，微微屈膝，膝向前顶，置于杠铃杆下方；保持背部平直或微拱，肘伸直指向外侧，头与躯干呈一条直线。

（4）向上运动阶段(第二次提拉)：快速有力地伸髋、伸膝，踝关节屈曲；保持杠铃尽量靠近身体；保持背部平直，肘关节指向外侧，头与躯干呈一条直线；保持肩在杠铃杆上方，肘关节伸直的时间越长越好；当下肢关节充分伸展之时，快速向上耸肩，仍保持肘伸直；当肩向上耸至最高点时，屈肘，开始将身体移向杠铃杆下方；举杠越高、举杠时间越长越好；由于此阶段的爆发性质，躯干直立或微微后仰，头微微向后倾，脚可能短暂离开地面。

（5）向上运动阶段(抓杠)：当下肢关节完全伸展，杠铃达到最高点时，身体移入杠铃下方，胳膊移至杠铃杆下方；同时屈髋、屈膝，达到下蹲 1/4 位置；一旦胳膊转至杠铃杆下方，

图 7-31　高翻(高抓)

抬肘,使上臂与地面平行;将杠铃杆架在锁骨和三角肌前部之上;抓杠要做到躯干直立、紧张,肩在杠铃上方或略前,头部位置正中,脚平稳;一旦身体平衡,伸髋、伸膝,充分站直。

(6) 向下运动阶段:逐步减少上肢肌肉张力,有控制地将杠铃下降到大腿处;同时屈髋、屈膝,缓冲杠铃对大腿的冲击;肘关节伸直,下蹲,直至杠铃触地,禁止抛扔杠铃。

(7) 目标肌群:臀大肌、半膜肌、半腱肌、股二头肌、股外侧肌、股内侧肌、股直肌、比目鱼肌、腓肠肌、三角肌、斜方肌。

高翻(高抓)请扫描以下二维码观看、学习。

视频 27 高翻(高抓)

3 抓举(图 7-32)

(1) 起始姿势:两脚开立,脚略微呈外八字;下蹲,髋低于肩,两手闭锁式(或钩式)正握杠铃;握距宽于肩,肘伸直;平稳站立,杠铃在脚背上方,距胫骨约 3 cm;背部平直;斜方肌放松,有轻微拉伸感;挺胸,脚跟着地;头与躯干呈一条直线,略后仰;肩在杠铃上方或略前一点;两眼直视前方,或微向上看;每一次重复动作都由此位置开始。

(2) 向上运动阶段(第一次提拉):用力伸髋、伸膝,将杠铃提离地面;保持躯干与地面角度不变,不要在抬肩之前抬臀;保持背部平直;保持肘关节伸直,头部居中,肩在杠铃上方或略前;杠铃拉起后,尽量贴近胫骨。

(3) 向上运动阶段(过渡):当杠铃高过膝关节后,向前伸髋,微微屈膝,膝向前顶,置于杠铃杆下方;保持背部平直或微拱,肘伸直指向外侧,头与躯干呈一条直线。

(4) 向上运动阶段(第二次提拉):快速有力地伸髋、伸膝,踝关节屈曲;保持杠铃尽量靠近身体;保持背部平直,肘关节指向外侧,头与躯干呈一条直线;保持肩在杠铃杆上方,肘

图 7-32 抓举

关节伸直的时间越长越好;当下肢关节充分伸展之时,快速向上耸肩,仍保持肘伸直;当肩向上耸至最高点时,屈肘,开始将身体移向杠铃杆下方;举杠越高、时间越长越好;由于此阶段的爆发性质,躯干直立或微微后仰,头微微向后倾,脚可短暂离开地面。

(5)向上运动阶段(抓杠):当下肢关节完全伸展,杠铃达到最高点时,身体移入杠铃下方,胳膊移至杠铃杆下方;同时屈髋、屈膝,达到下蹲1/4位置;在头顶抓杠:充分伸直肘关节;躯干直立,保持紧张;头部位置正中;全脚着地,脚平稳;杠铃位于头顶上方略后一点;一旦身体平衡,伸髋、伸膝,充分站直;将杠铃稳定在头顶上方。

(6)向下运动阶段:逐步减少上肢肌肉张力,有控制地将杠铃下降到大腿处;同时屈髋、屈膝,缓冲杠铃对大腿的冲击;肘关节伸直,下蹲,直至杠铃触地,禁止抛扔杠铃。

(7)目标肌群:臀大肌、半膜肌、半腱肌、股二头肌、股外侧肌、股内侧肌、股直肌、比目鱼肌、腓肠肌、三角肌、斜方肌。

抓举请扫描以下二维码观看、学习。

视频28 抓举

二、核心部位肌群训练

核心部位肌群训练可以参照第二章第十节相关内容。

第七节 增强式训练

增强式训练动作是指利用含有伸长—缩短周期的预伸展或反向动作,使肌肉在最短时间内发挥最大力量的动作。增强式训练的技术动作与单杠、立定跳远等考核科目的技术较相同,都是通过利用肌肉与肌腱的自然弹性与牵张反射来增加后续动作的输出功率。

一、增强式训练的设计

(一)模式(下肢、上肢、躯干)

1 下肢增强式训练

以折返跑为例,考核要求练习者做出水平移动或侧向移动动作,需要在水平面做出快速有力的变换方向动作和反复跳跃动作。下肢增强式训练能够使练习者具备较短时间产生较大力量的能力,因而可以跳得更高。

下肢增强式训练包括原地跳、立定条、重复反向跳、跳跃前进、跳箱、跳深等。

2 上肢增强式训练

上肢增强式训练包括投掷、接实心球、俯卧撑等。

3 躯干增强式训练

躯干的一般性抗阻训练动作稍加修整，也可采用增强式的方法进行。训练动作必须小而快，才能诱发并利用牵张反射。

（二）强度

增强式训练的强度主要受训练方法的形式所控制。增强式训练的强度控制范围很广，如原地蹦跳的强度较低，而跳深和单脚跳的强度很高。在特定的训练周期需要根据练习者的具体需要选择恰当的增强式训练方法。

（三）频率

设计增强式训练计划时，两次训练课间相隔 48～72 h，这是典型的休息时间准则。依照此准则，练习者一般每周进行增强式训练 2～3 次。实际训练中也可以每天安排不同部位（上下肢、躯干）的增强式训练，以保证正常训练强度刺激和神经兴奋性，而在赛季中则应减少增强式训练强度。

（四）休息

增强式训练的供能系统为三磷酸腺苷和无氧糖酵解，改善的是无氧爆发力，因此需要练习者有足够的休息时间（组间、组内、训练课之间）。下肢增强式训练组内的休息时间是 5～10 s，组间达到 2～3 min。适当的训练休息比在 1/10～1/5 范围内浮动，以防止过度训练。同时，相同的身体部位不能连续训练两天。根据 NSCA 的研究综述，增强式训练的休息时间与训练频率无关，因而如何处理组内、组间、课间的休息时间成为体能教练员把握练习者训练的关键和今后的研究热点。

（五）训练量

增强式训练量分级如表 7-7 所示。

表 7-7 增强式训练量分级

增强式训练经验	开始训练量（与地面/器械接触次数）
初级（没有经验）	80～99
中级（有些经验）	100～119
高级（精英练习者）	120～140

(六)渐进性原则

增强式训练采用的是重复训练的模式,必须遵循循序渐进的原则。在练习者的非赛季期间,增强式训练强度从低强度渐增到中等强度,然后达到高强度。

(七)热身

增强式训练必须从一般的热身活动、伸展、运动链加固和专项热身活动开始,热身中必须包含低强度的、动态性的动作。

增强式训练热身环节如表 7-8 所示。

表 7-8　增强式训练热身环节

动作	说明
快走	模拟跑动;强调移动的正确技术动作 为高强度增强式训练做准备
慢跑	脚尖慢跑:脚跟不着地,强调快速动作 直腿慢跑:腿部尽可能只略微弯曲,为增强式训练的冲击动作做准备 提踵触臀:屈腿,以脚跟叩击臀部
轻跳	加大上下肢的协调,模拟增强式动作的快速起跳与落地
步法	变换方向的脚步动作:折返、拖拽、跨步
箭步	多方向箭步,加固核心环节稳定性,保证力量的传导

(八)增强式训练与其他形式训练的协调

传统的力量训练可以与增强式训练结合,不仅体现在技术动作的改进上,而且在训练内容的交叉、训练小周期的安排等方面均可考虑采用复合式的训练(表 7-9)。

表 7-9　增强式训练计划

日期	重量训练	增强式训练
周一	高强度的上身训练	低强度的下身训练
周二	低强度的下身训练	高强度的上身训练
周四	低强度的上身训练	高强度的下身训练
周五	高强度的下身训练	低强度的上身训练

有氧训练可能会对爆发力产生负面影响,因此建议将增强式训练安排在有氧训练之前。

二、安全实施

为安全有效地进行增强式训练,在练习前应预先评估练习者并关注以下内容。

（一）技术

保证练习者有正确执行技术的能力，才有可能发挥训练的最大效益并将伤病的危险降至最低。

（二）肌力

如果练习者没有具备足够的肌力基础与体能水平，增强式训练必须延后直到练习者达到最低标准。例如：练习者下肢增强式动作的蹲举1RM重量至少是其体重的5倍。

（三）速度

为满足上下肢增强式训练，练习者必须能够负荷60％的体重在5 s内完成蹲举或仰卧推举。

（四）平衡性

许多下肢增强式训练动作需要练习者以异于惯用模式的动作完成移动，这些训练方式都需要稳固的支撑。平衡性可采取相应的增强式训练测试来评估（表7-10）。

表7-10 增强式训练测试

测试	变项
站立	双脚
	单脚
四分之五下蹲	双脚
	单脚
半蹲	双脚
	单脚

三、设施与设备

（一）训练场地与地表

为了防止受伤，下肢增强式训练的地面必须具有足够的吸震特性，草地、木地板或橡胶地垫都是较好的训练场地。但是具有弹性的地面（如铺体操垫）可能增加缓冲阶段的时间，无法有效利用牵张反射。跳箱、跳深架都是占地面积较大的训练器械，因此需要保证增强式训练的使用面积，保证具备足够的垂直高度，6～15 m即可。（上抛的动作）

（二）训练设备

跳箱高度为 15～107 cm；落地地面至少保证 46 cm×16 cm。跳箱和地面必须具备防滑保护。

（三）着装

训练时应穿适当的鞋子。

（四）跳深

跳深的高度并非无限制提高，超过 1.2 m 会导致下肢运动链及肌肉超负荷。跳深的建议高度是 41～107 cm，正常高度为 76～81 cm，体重超过 100 kg 的练习者，跳深的高度应低于 46 cm。

四、运动技术

（一）保加利亚式箭步蹲（图 7-33）

1 目标肌群与作用

提升单腿股四头肌爆发力。

图 7-33　保加利亚式箭步蹲

2 动作

站于训练凳前 1~2 步远,屈左膝使左脚脚背搭于凳上。躯干挺直,右膝弯曲使身体下降直到左膝几乎触及地面,伸右膝,站直右腿,记为完成一次动作。

3 训练频度

每次训练 3 组,每组每条腿训练 8 次,组间休息 180 s。

(二)网球引体向上

可以参照第二章第一节相关练习动作。

1 目标肌群与作用

小臂屈指肌群、小臂屈腕肌群、背阔肌、肱二头肌,提升全身爆发力与协调性。

2 动作

双手抓握网球,完成引体向上动作。身体在向上、向下的移动过程中保持躯干的垂直与稳定。

(三)臀部冲刺(图 7-34)

1 目标肌群与作用

提高臀部爆发力和腰部的支撑能力。

2 动作

背靠训练凳坐下,双脚平放于地面并从杠铃下穿过,杠铃向上滚动到腰际处;收紧臀部,双脚发力并向上挺腰,使杠铃位于小腹上,臀部离地,膝关节成直角,躯干保持水平。

(四)杠铃后退箭步提膝(图 7-35)

1 目标肌群与作用

增强臀大肌,股二头肌,股四头肌爆发力与躯干稳定性。

2 动作

训练者肩负杠铃站于举重台上;以弓箭步姿势左腿向后退步的同时下降左膝贴附于地面;向前上方收左腿完成一次抬膝动作。

图 7-34 臀部冲刺

图 7-35 杠铃后退箭步提膝

(五) 反向砍举(图 7-36)

将弹力带或绳索调至与脚同高的高度,双手握住手柄;以半蹲为起始姿势,躯干向弹力带一侧转体;核心区肌肉绷紧,右腿爆发用力,侧拉向对侧肩的侧上方;有控制地回到起始姿势,重复进行下一个动作或进行对侧练习。

(六) 砍举(图 7-37)

将弹力带或绳索调至肩膀高度,双手握住手柄;以半蹲为起始姿势,身体先向弹力带一侧转体;核心区肌肉绷紧,右腿爆发用力,侧拉向对侧脚的上方;有控制地回到起始姿势,重复进行下一个动作或进行对侧练习。

图 7-36　反向砍举

图 7-37　砍举

（七）哑铃高拉

以半蹲为起始姿势，膝关节微屈，背部保持平直，挺胸；直臂，手握哑铃，哑铃置于膝上；向上爆发性地伸髋、膝、踝，在保持直臂的同时耸肩；将哑铃上拉，动作结束时肘高于手；在整个动作的过程中，哑铃应尽可能靠近身体。

> **思考与练习**
>
> 1. 请用简练的语言描述抗阻训练的评估分类。
> 2. 根据本章相关内容,结合自身力量训练诉求,描述周抗阻训练的安排要点并列出相应训练计划。
> 3. 根据本章相关内容,设计并实施针对肩带部位、胸背部位的抗阻训练方案。
> 4. 结合所学内容,描述增强式训练的热身运动技术要点。

第八章　速度、灵敏和速度耐力的发展

掌握速度训练中的制动、加减速运动技巧与练习要点。
掌握速度耐力与速度灵敏的运动训练方法。

第一节　速度、灵敏概述

练习者的速度与灵敏素质可以被概括为功能性移动速度,是以力量素质为基础的个体综合体能的体现,功能性移动速度包括加速度、灵敏协调、运动时间和速率的应用,技术动作最终以时间的概念体现。功能性移动速度中的移动部分,包括了力量,特别是爆发力与超等长能力在不同情境下的应用。因此可以认为练习者的速度与灵敏训练应遵循以下流程:反应是诱因、力量是基础、灵敏是条件、速度是最终表现、评判的标准是时间节点。

灵敏分为闭式灵敏和开式灵敏,速度的变化有启动速度和运动方向、移动中的加减速和重新移动定向,以及一过性的加速与运动方向。根据人体运动的方向,可以将移动模式分为前移、后移、对角线运动、侧面运动,以及任意组合的移动模式。

在进行速度或灵敏素质训练时,练习者应将头部自然置于身体中间位置且眼睛直接聚焦向前;当身体前进或后退时,练习者视力应集中于移动方向;而在侧向移动时,应使用周围视觉。一般来说,从减速过渡到再次加速,需要练习者有更高的步频和更大幅度的步长,在方向改变、折返、转弯时,手臂需要配合完成强有力的摆动或减速动作。

第二节　制动技巧与练习

制动技巧能够帮助练习者有效发挥速度与灵敏素质水平,可根据情况采用以下三种不同阶段的练习。

1　初级水平

初级水平指练习者向前跑并且达到最大速度的50%,然后减速并在3步内停止。

2 中级水平

中级水平指练习者向前跑并且达到最大速度的75%,然后减速并在5步内停止。

3 高级水平

高级水平指练习者向前跑并且达到全速,然后减速并在7步内停止。

第三节　速度和灵敏素质的训练

根据从一般到专项的标准,发展速度和灵敏素质的方法有三个层次:初级、二级、三级。

一、初级方法

初级方法包括脚在身体重心下方着地、减小制动、减少着地时间、发挥最大后蹬等,这些都与肌肉爆发力和运动效率密切相关。在训练初期,这些练习可以在速度达到中上等时的强度下完成,以便掌握完善的训练技术。当练习者的速度和灵敏性练习技术掌握之后,就要以最大强度来完成练习。

跑是一种天然的动作,练习者个人的跑步经验不能简单地作为判断成果的依据,而是需要评定其是否符合专项运动需要,练习者是否有受伤可能性。一方面,跑的技术训练可以完善移动动作或纠正错误;另一方面,很多不好的移动习惯,需要通过改善动作模式与动力结构来解决。

二、二级方法

二级方法采用阻力跑和助力跑提高速度和灵敏素质,目标在于发展技术与素质水平。

(一) 阻力跑

阻力跑包括上坡跑、牵拉跑和其他增加阻力的跑步方法。在增加运动阻力的同时,保持原有技术,以提高速度、力量,加大步幅。在安排超负荷的原则上,阻力的增减必须考虑人体运动链的变化,强度控制在10%。

(二) 助力跑

助力跑包括下坡跑、高速牵引跑以及其他辅助手段的跑步方法。助力跑能帮助练习者以超出自己最大速度10%的速度进行练习,以达到增加步频的效果。如果超出了10%,会导致练习者身体产生保护性抑制,造成躯干后倾、跨大步、主动制动等现象。

三、三级方法

三级方法包括活动范围能力、力量和耐力训练,以提高基础技术和能力。

(一) 活动范围能力训练

采用定期拉伸训练,避免因为活动范围不够导致的落地位置不佳、避免脚与地面接触时间过长造成制动力大和拉长,即周期过长,从而保证增强式运动技术形式的有效发挥。

(二) 力量和耐力训练

爆发力与增强式训练是训练练习者速度与灵敏素质的必需条件,能够使速度和灵敏发挥效益最大化。体能教练员应根据运动技术的动力特征优化训练目标,分析目标动作的动力学特征,选择相应训练动作,区分专项性和模仿性运动。例如:长时间的增强式训练(如反向练习或蹲跳)可提高动作速度和加速度;短时间的增强式训练(如跳深或下落跳)能提升跑动的最快速度。

跑动形式的分类如表 8-1 所示。

表 8-1　跑动形式的分类

类别	指标	
长时间反应	与地面接触大于 0.25 s	大角度位移
短时间反应	与地面接触小于 0.25 s	小角度位移

第四节　速度耐力与速度灵敏训练方法

一、考核/计时法

(1) 超强度训练:较考核强度大,持续时间或运动距离较考核短。

(2) 最大强度训练:与考核强度相同或略小于考核强度,距离或持续时间与考核时间相同。

(3) 次最大强度:较考核强度低,距离或持续时间较考核时间长。

二、距离/持续时间法

(1) 持续训练法:75%~90%的考核内容为速度/力量比。

(2) 变化训练法：按事先设计好的强度变化、时间变化、运动量变化等进行训练。
(3) 法特莱克训练法：按无规则的强度变化、时间变化、运动量变化等进行训练。

三、间歇训练法

1 大运动量训练

(1) 中低水平强度，相当于考核强度的 60%～80%。
(2) 持续时间/距离短中：精英练习者以 14～180 s 跑 100～1000 m，初级练习者以 17～100 s 跑 100～400 m。
(3) 运动量要大，精英练习者可重复 8～40 次，初级练习者可重复 5～12 次。
(4) 密度高、间歇时间短、恢复不完全，精英练习者心率恢复到 125～130 次/分即可，初级练习者心率恢复到 110～120 次/分即可。
(5) 精英练习者选择休息与恢复的时间为 45～90 s，初级练习者选择休息与恢复的时间为 60～120 s。

2 高强度训练

(1) 强度高，相当于考核强度的 80%～90%。
(2) 持续时间/距离短：精英练习者以 13～180 s 跑 100～1000 m，初级练习者以 14～95 s 跑 100～400 m。
(3) 运动量要小，精英练习者可重复 4～12 次，初级练习者可重复 4～8 次。
(4) 密度中等，间歇时间延长，心率不能完全恢复，恢复到 110～120 次/分即可。
(5) 精英练习者选择休息与恢复的时间为 90～180 s，初级练习者选择休息与恢复的时间为 120～140 s。

四、重复训练

(1) 强度很高，相当于考核强度的 90%～100%。
(2) 持续时间/距离很短，几分钟内。
(3) 运动量很小，重复 3～6 次。
(4) 密度很低，间歇时间较长，心率接近完全恢复，恢复到 100 次/分以下，控制休息与恢复时间为 3～45 min。

注：重复训练适合速度和灵敏性训练；考核/计时法和间歇训练法适合速度耐力素质的提高。

第五节 速度耐力与速度灵敏运动技术

一、初级

（一）平跑、静止启动加速跑

练习者以静止状态站立，听到信号后完成给定路线的最快速度移动。站立的方向、身体姿势（直立、屈膝、甚至趴地）可根据教练员的指示而灵活变换。

（二）利用不同种类的训练器材

利用不同种类的训练器材，以提高反应能力，提升手眼协调性及敏捷性，达到提升速度与灵敏素质的目标。例如：将药球掷于地面，弹起后开始追逐。

（三）场地移动（折返跑）

利用训练场地的各个标志线（物），以折返跑的形式进行移动训练，根据移动距离的长短与移动时间的多少，训练目标定位于发展练习者的绝对速度素质或速度耐力水平。

二、二级与三级训练方法

（一）助力跑

可通过橡皮带牵引的方式开展训练。

（二）借助训练栏架

可通过在跑动中布设若干低/高栏架，训练下肢与地面的接触反应力。

（三）利用跑步机发展速度

通过跑步机的加减速功能与上坡跑、下坡跑变化组合，给予练习者不同程度的强度刺激。

> **思考与练习**
>
> 1. 请用最简练的语言,描述速度耐力与速度灵敏的四类训练方法及要点。
> 2. 根据本章相关内容,设计并实施重复训练法的体能训练方案。

第九章　有氧耐力训练

学习目的

科学的有氧耐力训练能够帮助练习者增强体能，提升与保持竞技状态，加快机能恢复。

熟悉和掌握有氧耐力训练手段与评定方法及训练原则，帮助练习者转变对有氧耐力训练单调枯燥的印象。

第一节　有氧耐力训练的评定方法

测定心率是最为便捷、有效的评定有氧耐力运动强度的手段。虽然采用以卡尔沃宁法为代表的心率测定公式会存在误差，但其仍然可作为实践操作中最为方便、快捷的即刻心率评定方法。

卡尔沃宁法公式如下。

$$用年龄预估最大心率 = 220 - 年龄$$
$$储备心率 = 预估最大心率 - 休息心率$$
$$目标心率 = (储备心率 \times 运动强度) + 休息心率$$

利用本公式计算两次，确定目标心率的范围。

第二节　有氧耐力训练的目标与设计安排

有氧耐力训练的目标与设计安排如表 9-1 所示。

表 9-1　有氧耐力训练的目标与设计安排

训练目标	频率（每周）	时间	强度
发展完整的体能基础	5～6 次	长	中低
改进影响有氧耐力表现的重要因素	6～7 次	中长	中高
维持影响有氧耐力表现的重要因素	5～6 次（训练与考核）	短（训练）考核距离	低训练高考核
考核赛季的恢复	3～5 次	短	低

第三节 有氧训练计划

有氧训练计划如表 9-2 所示。

表 9-2 有氧训练计划

训练形式	每周次数	时间（运动部分）	强度	备注
远而慢的长距离训练法（LSD）	1~2 次	长跑或更远（30~120 min）	70%最大摄氧量	两次的 LSD 要均匀分布在一周内的两天，使练习者的体能在两次训练课间获得最大的恢复；练习者需要较低训练速度，不需要太大的呼吸压力
速度/节奏训练法	1~2 次	20~30 min	在乳酸阈值或稍高部分	两个训练日要在一周内均衡分布，使练习者的体能在两次训练课间获得最大的恢复；要求持续时间和距离较考核时间短，但训练强度高；为接近考核需要高强度训练，需要较大的压力
间歇训练法	1~2 次	3~5 min（训练/休息时间比为 1∶1）	接近最大摄氧量	两个训练日要在一周内均衡分布，使练习者的体能在两次训练课间获得最大的恢复；对于精英练习者，训练部分的总距离和总时间要接近考核的距离和时间；完成间歇训练中每回合部分时，练习者的跑步强度要接近最大摄氧量
重复训练法	1 次	30~90 s（训练/休息时间比为 1∶5）	大于最大摄氧量	一周只安排一天训练；对于精英练习者，训练部分的总距离和总时间要接近考核的距离和时间；当完成反复训练中每回合的部分时，练习者的跑步强度要接近最大摄氧量
法特莱克训练法（变换训练法）	1 次	20~60 min	强度介于 LSD 及速度/节奏训练法之间变化	一周只安排一天训练；对于精英练习者，训练部分的总距离和总时间要接近考核的距离和时间；当完成反复训练中每回合的部分时，练习者的跑步强度要接近最大摄氧量

第四节　有氧耐力训练的运动技术

在田径场进行有氧耐力训练,受环境与时间等因素的影响,练习者易产生疲劳与倦怠感,甚至对有氧耐力训练产生抵触情绪。而在长期的跑动状态下,练习者的下肢各关节长期处于紧张的做功状态,在跑动后易产生疲劳甚至有加大受伤的风险。

有经验的体能教练员能够通过改变有氧耐力训练的环境、训练方法,在提升练习者素质的同时,降低运动风险,并激发练习者的训练热情。

一、沙地训练

沙地训练是指利用沙滩、人造沙坪完成有氧耐力训练。利用沙地天然的减震与吸震功能,降低地面对高大练习者下肢的反作用力,巩固练习者下肢运动链,降低下肢运动损伤的发生概率。

二、使用功率自行车或跑台

使用此类训练器材,模拟自行车、跑步的单一周期运动技术动作,完成规定时间或规定距离的长时间运动,以提升有氧耐力素质。相对跑道与运动场地,功率自行车与跑台能够减少练习者下肢与地面接触的时间甚至次数,通过设定程序降低脚底受到的地面反作用力冲击。

三、水中训练

水中训练是练习者在开放性水域或封闭性水域完成长时间的游泳、划水或借助器械的练习动作。水中训练借助水的浮力降低运动技术对人体各关节、跨关节肌肉可能产生的副作用,以全身性的运动为主要练习手段。

四、涉水训练

涉水训练是有氧耐力训练的高级形式,与水中训练不同,练习者只有髋关节以下甚至膝关节以下肢体浸没在水中,通常在浅滩、泳池浅水区等区域进行。涉水训练的运动强度要高于水中训练,对下肢关节与肌肉的保护要优于其他训练形式。以膝关节以下浸没水中训练为例,在增加下肢移动阻力的同时,可避免由身体负重造成的膝关节过度受力,身材高大练习者在进行有氧训练时应避免关节过度磨损。

思考与练习

1. 请具体描述卡尔沃宁法的计算公式。
2. 根据本章内容,简述五类有氧耐力训练方法的持续时间和运动强度。

第十章 前庭功能训练

 **学习目的**

了解前庭功能训练的操作方式。
了解主动性前庭训练器械的分类。

  前庭功能系统对于维持人体平衡、保持清晰的视觉和空间定向等非常重要，与各种运动病和飞行中空间定向障碍关系密切。通过对人体功能的有效训练，特别是对与空间反应相关的前庭功能训练、模拟飞行环境的体能训练，能够有效提高抗眩晕能力、提高人体平衡性和动作准确性，对飞行安全产生积极效益，可以补充空勤人员体检与人体功能训练的标准与方法，促进飞行人员心理与生理健康、防范飞行疲劳。在针对航空安全员（学生）培训的院校单位中，多采用主动性训练装备对航空安全员进行前庭功能训练。主要训练手段如下：通过活动滚轮、固定滚轮、旋梯实现；部分院校单位实现了前庭功能训练的数字化和自动化，采用多维式训练装置对学生开展被动式训练。本章通过视频教学的方式，对航空安全员体能训练中的前庭功能训练器械进行介绍。

一、活动滚轮训练

活动滚轮训练分解技术请扫描以下二维码观看、学习。

视频29　活动滚轮训练1　　　视频30　活动滚轮训练2

视频31　活动滚轮训练3　　　视频32　活动滚轮训练4

活动滚轮训练完整技术请扫描以下二维码观看、学习。

视频33　活动滚轮训练完整技术

通过活动滚轮训练可以增强练习者的力量与协调性,锻炼练习者的抗眩晕能力,提高练习者对空间姿态位置的判断能力。

二、固定滚轮训练

固定滚轮训练请扫描以下二维码观看、学习。

视频 34　固定滚轮训练

固定滚轮训练是以提高空间定向能力为目的的一种训练手段。通过人体重心移动变化,带动固定滚轮的转动与加减速运动。

三、旋梯训练

旋梯训练请扫描以下二维码观看、学习。

视频 35　旋梯训练

通过旋梯的离心加速运动,能够改善练习者中枢神经系统对血管的调节机能,增强人体承受强负荷的能力。

四、三维前庭训练

三维前庭训练是指通过自动化控制与人体运动信息收集模块,在三维空间内实现全方位角度旋转,以达到利用三个旋转环分别在不同空间平面与运动角度的运动,共同对练习者前庭功能产生习服作用的训练效能。

三维前庭训练装置训练请扫描以下二维码观看、学习。

视频 36　三维前庭训练装置训练

> **思考与练习**
>
> 1. 请根据教学视频,描述活动滚轮训练包括的几个技术环节。
> 2. 请根据教学视频,描述固定滚轮训练与多维训练滚轮在运动形式上存在哪些异同。

第十一章 体能训练中的课程思政建设

学习目的

将立德树人作为课程教育中心环节,把思想政治工作贯穿体能训练教学全过程。

以课程思政教育为抓手,提高学生思想政治和纪律作风水平,提高学生职业能力素养。

体能训练能切实提高航空安全员和空保专业学生整体素质和战斗力,是筑牢民航空防安全的基础保障。本章通过凝练思政教育元素,采用思政教学范例的方式,以训练过程和课程教学为载体,将学生体能的训练价值、职业岗位所要求的个人价值贯穿于整个教育场域。体能训练中的思政建设是在体育课程与教学领域中将思想政治教育贯穿于学校人才培养体系的理念、任务、方法和过程中,是落实"立德树人,爱岗敬业"教育要求的重要路径。体能训练中蕴含的思想政治教育广泛存在于学校育人的全程,使"育体"价值和"立德"功能完整地展现在学风建设和人才培育、岗位需求的顶层设计和实践路径之中。通过划分体技能课程思政践行主体担负的课程责任与要求,提升课程思政教育内容设计的系统性和有序性,筛选和重组课程资源,形成课程思政建设质量的有效检视制度和督导方式,可为优良学风的实践培育提供学理导向和理论支持。

体能训练中的思政教育如表11-1所示。

表11-1 体能训练中的思政教育

编号	思政资源名称	课程思政资源描述	课程思政教学目标
1	中国女排精神	中国女排精神的源头,来自对"三从一大"原则(从难、从严、从实战出发,坚持大运动量训练)的科学释义与细致把控,将科学化、系统化的"三从一大"应用到教学训练,特别是对训练量要求较高的训练科目中,需要教师将中国女排运动员顽强拼搏、砥砺争先的训练精神与训练原则讲透,帮助学生从内心认可、接受、理解训练过程中所要面临的挑战,帮助学生积极主动开展训练	通过对中国女排运动员拼搏史、训练经历、国际大赛考验的翔实介绍,树立中国女排"扎扎实实、勤学苦练、无所畏惧、顽强拼搏、同甘共苦、团结战斗、刻苦钻研、勇攀高峰"的女排精神,阐明刻苦训练的重要性,使学生形成积极开展训练的主动精神和正确态度
2	中国男子运动员刘翔科学训练事迹	中国田径运动员刘翔,自2004年雅典奥运会勇夺男子110米跨栏冠军后,连续多年打破中国、亚洲、世界该项目竞赛纪录,至2008年带伤参赛后遗憾退役。刘翔在世界田径史上写下了中国运动员浓厚的华彩篇章,在无数荣誉的背后是刘翔常年坚持科学、系统、高强度训练的付出,	通过在教学过程中阐述中国运动员刘翔是如何在教练员孙海平的指导下,坚持科学化、个性化训练的事迹,树立学生尊重训练过程、尊重训练细节、坚持科学训练、

续表

编号	思政资源名称	课程思政资源描述	课程思政教学目标
2	中国男子运动员刘翔科学训练事迹	是刘翔在克服无法避免的高强度运动消耗和伤病的同时所坚持的科学化训练,同时教练员孙海平所倡导的个性化训练、科学化训练对提高刘翔的竞技能力和延长竞技周期也起到了关键作用	防伤控伤的意识和态度
3	中国中长跑运动员孙文利、孙文勇齐力同心、相互扶持、勇攀竞技高峰的训练事迹	中长跑,特别是长跑运动项目,是学生在学习训练中需要消耗大量时间,以及克服枯燥训练情绪和强烈身体不适,才能取得成绩提升的运动项目。在训练过程中,教师鼓励学生以宿舍、小组为单位,相互寻找训练伙伴,同学之间钻研训练方法,共同开展训练以提高训练成绩。中国男子长跑运动员孙文利、孙文勇兄弟在数十年的竞技生涯中,在坚持科学、系统、高效的训练原则的基础上,他们相互鼓励、相互扶持、相互督促,这铸就了二人在男子中长跑领域的骄人战绩。孙文利、孙文勇兄弟二人的训练事迹和训练经验,既教导学生集体至上、团结拼搏的重要性,也为学生树立了互帮互助的榜样	通过阐述中国男子长跑运动员孙文利、孙文勇二人齐力同心、相互扶持、勇攀竞技高峰的训练事迹,帮助学生了解训练过程中同伴与竞争对手的重要性,明确训练过程不仅仅存在竞争的关系,在竞争的同时更需要互帮与互助,帮助学生明确和了解互帮互助、集体统一等训练模式的重要性和必要性
4	"健坛常青树"杨新民四十年持之以恒,将细节雕刻进时间,铸就运动高峰的事迹	力量训练是学生特别是男生喜闻乐见的教学内容。同时,力量训练所蕴含的丰富训练手段、所需要坚持的长久毅力又往往让充满训练热情的学生望而却步。科学训练是需要强大的训练精神和端正的训练态度为支撑的。通过介绍中国男子健美运动员杨新民长达四十年精雕细琢、厚积薄发的训练经历,细化描述杨新民对训练细节的把控与钻研,帮助学生树立正确和坚定的训练态度	力量训练教学内容不仅要涵盖理论知识、训练技术路线、周期设计等方面的知识和技巧的教学重点难点,同时还需要在有限的教学时间内帮助学生掌握正确的技术动作,了解技术操作模式,明确每个组数、单元、课时,甚至多个大小周期的训练设计思路和技巧。纷繁复杂的教学点往往会打消学生的训练热情,降低训练效果。在这部分教学训练中,引入中国健美运动员、力量训练权威杨新民四十年持之以恒、将细节雕刻进时间、铸就运动高峰的事迹,介绍杨新民如何以每一个训练细节为单元,克服枯燥与重复带来的训练抵触感,坚持拼搏四十年科学训练的事迹,教导学生从细微做起,认真对待每一次的细小进步、认真完成每一个训练单元,方能达到理想的运动水平

续表

编号	思政资源名称	课程思政资源描述	课程思政教学目标
5	中国男子射击运动员王义夫勇挑重担，挑战个人运动极限的拼搏事迹	前庭器官训练作为空勤专业学生必不可少的体能训练部分，其习服训练效应以及所带来的身体不适感，往往令学生产生抵触厌学情绪。而这种不适感是可以通过坚持训练缓解甚至消除的。本部分以中国男子射击运动员王义夫为课程思政点的抓手，介绍王义夫勇挑重担，在国际大赛的关键时刻以顽强的精神毅力、强大的爱国精神力量、坚实的训练基础，挑战个人运动极限，克服强烈的身体反应，为国家摘金夺银的奋斗事迹	与其他的体能训练教学内容不同，除训练带给身体的酸痛不适感外，前庭器官训练更是训练学生对抗眩晕、胃反应及提高肢体协调等方面的能力。前庭器官训练往往让初期接触的学生产生强烈的神经与肢体不适感，导致学生出现厌学怕学的情绪。通过在教学过程中引入中国男子射击运动员王义夫勇挑重担、挑战个人运动极限的拼搏事迹，明确坚实的训练基础和科学的训练手段可以缓解甚至消除运动给学生带来的不适感，可以有效提高身体素质与能力。锻炼学生强大的精神毅力，使学生形成勇于训练、奋勇争先的训练精神，科学组织与训练，积极挑战个人运动极限
6	"祖国荣誉高于天、军人使命重如山"，中国人民解放军八一军事五项队的辉煌历史与使命	中国人民解放军八一军事五项队有着辉煌的历史，男队、女队先后勇夺"十八连冠"，是全军在世界性军事比武竞赛中夺金牌最多、破纪录最多的建制基层单位。体能训练不仅是个人职业发展的硬性需求，更是民航空中安全保卫岗位的职责需要，是捍卫民航空中防线的基础与前提，需要教师将中国人民解放军八一军事五项队奋勇拼搏、顽强争先的训练精神与"祖国荣誉高于天、军人使命重如山"的使命精神说明讲透，帮助学生从内心中认可、接受、理解训练过程中所要面临的挑战，将个人发展与职业需要结合，积极主动开展训练	通过对中国人民解放军八一军事五项队建队使命、训练经历、国际大赛考验的翔实介绍，介绍中国人民解放军八一军事五项队"祖国荣誉高于天、军人使命重如山"的建队之魂，介绍中国人民解放军八一军事五项队的辉煌历史与使命，将个人发展与集体荣誉相结合，提高学生职业使命感和责任感、树立学生积极主动的学习训练态度

续表

编号	思政资源名称	课程思政资源描述	课程思政教学目标
7	介绍中国田径运动员苏炳添的事迹	2021年的东京奥运会赛场上,苏炳添让全世界见识了中国速度。他在男子100米半决赛跑出了9秒83的成绩,创造了全新的亚洲纪录,并且成为首位在奥运百米闯入决赛的黄种人,在世界田径史上写下了中国运动员浓厚的华彩篇章。作为征战田径赛场的32岁高龄老将,支撑高水平表现和高强度竞赛的是苏炳添常年如一日,坚持科学、系统、高强度的训练。科学合理地设计每一个训练单元,细致地完成所有训练科目,才能在枯燥和重复中选择坚守,以点滴的进步汇聚成长与蜕变	体能训练的有效实施,不仅需要通过教师和课程组在科学合理教学训练设计的基础上为学生设定阶段性可达成目标和阶段性训练量,更关键的是需要学生本人能够按照教学训练设计坚持和执行,在教师和学生的配合下,相应体能科目的成绩和目标方可达成。通过在教学过程中阐述中国运动员苏炳添是如何坚持科学化、个性化训练的事迹,树立学生持之以恒的信念;教会学生细化训练过程、坚持训练细节的意识
8	"绝境逆转、超越自己",中国男子举重运动员谌利军奥运会夺金的艰辛之路	力量训练不仅需要强大的训练精神和端正的训练态度来支撑,更需要接受失败和原地踏步的心理准备和承受能力。中国男子举重运动员谌利军,在2016年巴西里约奥运会上因伤退赛,在2018年更遭受严重伤病险些断送运动生涯,在外界和对手的不解和质疑声中,谌利军凭借着强大的冲金信念和顽强的训练精神,全力以赴对待每一次训练课程,全身心投入东京奥运会冲金的目标。"不积跬步无以至千里,不积小流无以成江海",在2021年东京奥运会,谌利军迈过坎坷,绝境逆转,超越自己,最终夺金成功	通过介绍中国男子举重运动员谌利军奥运会夺金的艰辛之路与训练历程,将训练过程中将要面对的挫折与失败、导致成绩停滞乃至退步的原因,以及解决这些问题所需要的科学训练手段与意志品质等与学生沟通和分享,帮助学生正视训练中的困难,端正学生积极主动的学习训练态度

续表

编号	思政资源名称	课程思政资源描述	课程思政教学目标
9	"坚持不懈、刻苦训练",中国男子举重运动员吕小军的事迹	中国男子举重运动员吕小军不仅在2021年的东京奥运会赛场上勇夺金牌为世人所赞誉,时年37岁,可称得上高龄运动员的他,常年坚持科学踏实的训练,以朴实的训练态度探索身体潜能的极限。将平凡和简单的一件事、一个技术做到细致和极致;更是将极致作为习惯日复一日地坚守。吕小军的训练态度和事迹诠释了"专业"是如何铸就的。体能训练课程不仅需要学生达到自身各素质方面的提升,同时也在训练和考核中注重动作细节和技术,踏实训练方能抓住细节,坚持不懈才可迎来进步	通过在教学过程中阐述中国男子举重运动员吕小军是如何抓运动技术细节、如何坚持针对性训练的事迹,教会学生细化训练过程的能力,培养学生认真踏实的训练态度,锻造学生坚持不懈的意志品质
10	中国男子篮球运动员姚明不畏赛场挑战、积极锤炼自我的运动员精神	中国男子篮球运动员姚明在加入美国男子篮球职业联赛初期,暴露出力量素质欠缺、对抗能力不足等的缺陷。姚明直面问题,不畏对手的挑战,认真努力地进行体能训练,积极主动地应对比赛,在体能素质逐步提升的同时,适应了高强度、高速度对抗的竞赛规则。长期的刻苦训练不仅让姚明的体能素质得到了全面提升,收获了职业生涯的荣誉,更为他赢得了业界和社会的尊重	在有限的课内外教学训练中,学生需要直面训练的短板,能够按照教学训练设计坚持和执行。通过在教学过程中介绍中国男子篮球运动员姚明不畏赛场挑战、积极锤炼自我的事迹,塑造学生直面困难和短板的态度;树立学生坚持不懈、持之以恒的信念;教授学生解决问题、提升能力的技术与方法

思考与练习

1. 请以自身的某项力量素质发展为例,阐述自己是如何在训练中克服枯燥重复、疲劳酸痛等训练抵触感的。

2. 个体的体能训练计划不尽相同,结合本章相关内容,阐述自己是如何制订并执行个性化训练方案的。

[1]　公安部教育局.警察体育教程[M].北京:群众出版社,1999.
[2]　朱学雷.体能训练概论[M].3版.上海:上海三联书店,2011.
[3]　田麦久.运动训练学[M].北京:高等教育出版社,2006.
[4]　陈博.警察体能训练与测试评价[M].北京:中国人民公安大学出版社,2009.
[5]　洪涛.空乘人员形体及体能训练[M].2版.北京:旅游教育出版社,2010.
[6]　田文.民航安保人员体能训练[M].北京:中国民航出版社,2015.

教学支持说明

普通高等学校"十四五"规划民航服务类系列教材系华中科技大学出版社"十四五"期间重点教材。

为了改善教学效果,提高教材的使用效率,满足高校授课教师的教学需求,本套教材备有与纸质教材配套的教学课件(PPT 电子教案)和拓展资源(案例库、习题库等)。

为保证本教学课件及相关教学资料仅为教材使用者所用,我们将向使用本套教材的高校授课教师赠送教学课件或相关教学资料,烦请授课教师通过电话、邮件或加入旅游专家俱乐部 QQ 群等方式与我们联系,获取"教学课件资源申请表"文档,准确填写后发给我们,我们的联系方式如下:

地址:湖北省武汉市东湖新技术开发区华工科技园华工园六路

邮编:430223

电话:027-81321911

传真:027-81321917

E-mail:lyzjjlb@163.com

民航专家俱乐部 QQ 群号:799420527

民航专家俱乐部 QQ 群二维码:

扫一扫二维码,加入群聊

教学课件资源申请表

填表时间：_____ 年 ___ 月 ___ 日

1. 以下内容请教师按实际情况填写，★为必填项。
2. 学生根据个人情况如实填写，相关内容可以酌情调整提交。

★姓名		★性别	□男 □女	出生年月		★职务	
						★职称	□教授 □副教授 □讲师 □助教

★学校		★院/系	
★教研室		★专业	
★办公电话		家庭电话		★移动电话	
★E-mail（请填写清晰）		★QQ号/微信号	
★联系地址		★邮编	

★现在主授课程情况	学生人数	教材所属出版社	教材满意度
课程一			□满意 □一般 □不满意
课程二			□满意 □一般 □不满意
课程三			□满意 □一般 □不满意
其他			□满意 □一般 □不满意

教 材 出 版 信 息		
方向一		□准备写 □写作中 □已成稿 □已出版待修订 □有讲义
方向二		□准备写 □写作中 □已成稿 □已出版待修订 □有讲义
方向三		□准备写 □写作中 □已成稿 □已出版待修订 □有讲义

请教师认真填写表格下列内容，提供索取课件配套教材的相关信息，我社将根据每位教师/学生填表信息的完整性、授课情况与索取课件的相关性，以及教材使用的情况赠送教材的配套课件及相关教学资源。

ISBN（书号）	书名	作者	索取课件简要说明	学生人数（如选作教材）
			□教学 □参考	
			□教学 □参考	

★您对与课件配套的纸质教材的意见和建议，希望提供哪些配套教学资源：